이디엄으로 배우는  찐

국 사람
영어회화

로라 지음

바이링구얼

영어는 'Feel'이다!

진짜 영어를 잘하려면 어떻게 해야 하냐고요?

정말 자연스러운 영어 회화를 하기 위해서는 한국어를 영어로
직역하는 것이 아니라, 실제 원어민이 즐겨 쓰는 표현들을 배워야
합니다. 원어민들은 어려운 단어보다 숙어와 동사구를 아주 많이
사용합니다. 단순히 단어만 많이 알고 숙어와 동사구를 모른다면
그들이 하는 말을 제대로 이해할 수 없을 뿐만 아니라 절대 원어민처럼
유창한 영어를 구사할 수 없습니다.

언어는 문화와 삶을 반영합니다. 따라서 이 책은 미국 문화, 숙어,
회화 문법, 슬랭, 콩글리시, 한국인이 가장 많이 실수 등을 모두
다루었습니다. 우리가 흔히 하는 문법 따로, 회화 따로 공부하는 것은
절대 좋은 방법이 아니거든요.

이 책에 등장하는 모든 표현은 로라가 유년 시절 미국 캘리포니아에서
초중고 및 대학교에 다니며 직접 듣고 사용한 살아있는 생생한
표현들입니다. 이 한 권에 10년의 노하우와 경험을 모두 고스란히
담았다고 할 수 있습니다.

영어가 여러분에게 스트레스가 아닌 행복이 되기를, 영어를 통해
더 멀리 날아갈 수 있기를, 더 많은 좋은 인연을 만나는 도구가
되길 기도해 봅니다. 하지만 그 무엇보다 항상 건강하고 평안하길
기원합니다.

어제보다 더 나은 내일을 선물하는
로라

My foundation, my pillar, my inspiration

My role model

나의 위대한 그대

나의 아버지

반짝이는 청춘에 우리를 낳아 타지에서 길러 주신

My super mom

오늘의 나를 빚으신

My Captain Jesus께

이 책을 바칩니다.

내가 나 된 것은 하나님의 은혜라

오늘의 이디엄
원어민이 일상생활에서 가장 많이
쓰는 이디엄만 모았습니다!

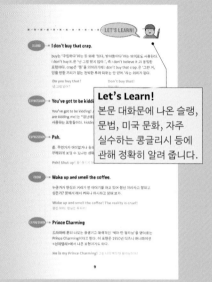

Let's Learn!
본문 대화문에 나온 슬랭,
문법, 미국 문화, 자주
실수하는 콩글리시 등에
관해 정확히 알려 줍니다.

일상 대화문
재밌는 내용의 대화문 안에는 오늘의
이디엄과 더불어 원어민이 즐겨 쓰는
주옥같은 구어체 표현들이 가득합니다.

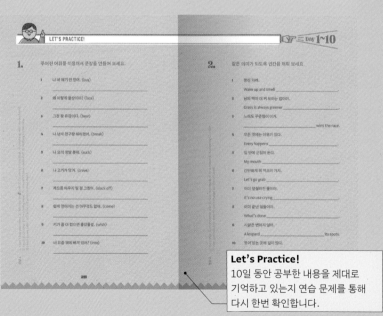

Let's Practice!
10일 동안 공부한 내용을 제대로
기억하고 있는지 연습 문제를 통해
다시 한번 확인합니다.

MP3 파일 듣고 책 읽기

먼저 본문 대화문 MP3 파일을 들은 후, 본문 내용을 읽고 해석해 봅니다.
<LET'S LEARN!> 내용도 모두 읽어 봅니다.

섀도잉 훈련

본문 MP3 파일의 한 문장 또는 한 줄을 구간 반복 재생해 놓고
'한 문장씩 듣고 일시 정지 ▶ 따라 말하기'를 익숙해질 때까지 반복합니다.
그다음엔 문장을 음원에 맞춰 '동시에 따라 말하기' 연습을 합니다.
이렇게 그날그날의 대화문 전체를 '듣고 따라 말하기'와
'동시에 따라 말하기' 연습을 반복합니다.

해석만 보고 영문 말하기

한국어 해석만 보면서 영어 문장을 말해 봅니다.
생각이 잘 나지 않는 내용은 영어 대화문을 확인해 봅니다.
한국어 해석만 보고 그날의 대화문 전체를 완벽하게
말할 수 있을 때까지 반복해서 연습합니다.

연습 문제 풀기

10일 동안 공부한 내용을 제대로 기억하고 있는지
<LET'S PRACTICE!>를 통해 다시 한번 확인합니다.

Table of contents

1. Get outta here!
2. Grass is always greener on the other side
3. Slow and steady wins the race
4. Everything happens for a reason
5. It is what it is
6. You can't go wrong with it
7. It's no use crying over spilt milk
8. A leopard can't change its spots
9. Give someone the benefit of the doubt
10. Where there is a will there is a way
11. Pain in the ass
12. Beauty is only skin deep
13. Everything fell into place
14. Karma is a bitch
15. Life happens
16. Been there and done that
17. Keep calm and carry on
18. Netflix and chill
19. Monday blues
20. Reveal one's true colors
21. You've got to crack a few eggs to make an omelet
22. Beauty lies in the eye of the beholder
23. Get it out of one's system
24. Blowing out of proportion
25. It's not rocket science

26. I feel under the weather
27. One for the road!
28. Don't bite off more than you can chew
29. Don't count your chickens before they hatch
30. When it rains it pours
31. In the wrong place at the wrong time
32. Through thick and thin
33. It runs in the blood
34. He is a bad apple!
35. Don't beat yourself up
36. A picture is worth a thousand words
37. Ignorance is bliss
38. You can't have your cake and eat it too
39. There are plenty of fish in the sea
40. There is no such thing as a free lunch
41. It is music to my ears!
42. Can we take a rain check?
43. Save for a rainy day
44. Burn bridges
45. Don't judge a book by its cover
46. I'm sick of it!
47. Haste makes waste
48. My gut tells me ~
49. It takes two to tango
50. Age is just a number

6

81	A blessing in disguise	76	I have bigger fish to fry
82	Up in the air	77	You crack me up
83	Knock out	78	At the end of the day
84	Yoo took the words right of my mouth	79	Total package
85	On the tip of my tongue	80	Whatever floats your boat
86	On a power trip	81	Brush it off!
87	Bend over backwards	82	When pigs fly
88	Sweep under the rug	83	It's (all) Greek to me
89	I saw it coming	84	Have hiccups
60	Count your blessings	85	Excuse my French
61	You look young for your age	86	Lose one's touch
62	Drink like a fish	87	Throw someone under the bus
63	I'm all ears	88	Wear one's heart on one's sleeve
64	Every Jack has his Jill	89	Hit the sack
65	I'm not cut out for it	90	Get one's ducks in a row
66	Just around the corner!	91	Get to the bottom of it
67	Every dog has its day	92	Beggars can't be choosers
68	Blow one's mind	93	Think outside the box
69	Sorry doesn't cut (it)	94	Born with a silver spoon in one's mouth
70	Cry one's eyes out	95	One's mind is in the gutter
71	Make ends meet	96	Have a lot on one's plate
72	This is my cup of tea	97	Put oneself in someone else's shoes
73	You are what you eat	98	Get the hang of it
74	Tie the knot	99	Sleep on it
75	Jump out of one's skin	100	Well begun is half done

Day

10

Get outta here!

웃기지 마!, 무슨 소리를 하는 거야!

Get outta here!를 혹시 '여기서 나가!'의 의미로만 알고 있었다면 정신
차리고 집중하자. 미국에서 Get outta here!은 '장난해?', '웃기지 마!',
'무슨 소리야! 말도 안 되는 소리 하고 있네!' 등의 의미로 쓰인다. You've
got to be kidding me.보다 좀 더 강하게 느낌을 전하고 싶을 때 이 표현을
쓸 수 있다. 원래는 Get out of here.이지만 원어민들은 want to를 wanna,
going to를 gonna로 말하는 것처럼 out of도 outta로 줄여 말한다. 쉬운
표현이지만 outta를 모른다면 알아듣기 쉽지 않을 수 있다.

Justin   Have you heard? Chris Evans and Lily James
are going out!

Lora   Get outta here! I don't buy that crap.

Justin   No, for real! It's everywhere on the internet.

Lora   You've got to be kidding me! Chris is the
love of my life! He is my Captain!

Justin   Psh. Wake up and smell the coffee. He is a
star not your Prince Charming.

저스틴   들었어? 크리스 에번스와 릴리 제임스가 사귄대!
로라   웃기지 마! 그딴 거 안 믿어.
저스틴   아냐, 진짜로! 인터넷에 다 떴어.
로라   말도 안 돼! 크리스는 내 영원한 사랑이야! 그는 나의 캡턴이라고!
저스틴   풉. 정신 차려. 그는 스타이지, 너의 백마 탄 왕자님이 아니야.

SLANG ● **I don't buy that crap.**

buy는 '구입하다'라는 뜻 외에 '믿다, 받아들이다'라는 의미로도 사용된다.
I don't buy it.은 '난 그걸 믿지 않아', 즉 I don't believe it.과 동일한
표현이다. crap은 '똥'을 의미하기에 I don't buy that crap.은 '그딴 거,
믿을 만한 가치가 없는 천박한 루머 따위는 안 믿어'라는 의미가 된다.

Do you buy that?	Don't buy that!
넌 그걸 믿어?	믿지 마!

EXPRESSION ● **You've got to be kidding me!**

You've got to be kidding! / You kidding! / Are you kidding? / You are
kidding me!는 '장난해?', '말도 안 돼'란 뜻으로 어이가 없을 때 사용하는
표현들이다. kidding 대신 joking으로 바꿔 쓸 수도 있다.

EXCLAMATION ● **Psh.**

무언가가 어이없거나 상대방에게 동의하지 않을 때 할 수 있는 리액션이다.
하지만 무례하게 보일 수 있으니 주의하자.

Psh! Shut up! 폽! 웃기지 마!

IDIOM ● **Wake up and smell the coffee.**

누군가가 현실과 거리가 먼 이야기를 하고 있어 정신 차리라고 말하고
싶은가? 꿈에서 깨서 커피나 마시라고 말해 보자.

Wake up and smell the coffee! The reality is cruel.
정신 차려! 현실은 혹독해.

EXPRESSION ● **Prince Charming**

드라마에 흔히 나오는 잘생기고 매력적인 '백마 탄 왕자님'을 영어로는
Prince Charming이라고 한다. 이 표현은 1950년에 디즈니 애니메이션
<신데렐라>에서 나온 표현이기도 하다.

He is my Prince Charming! 그는 나의 백마 탄 왕자님이야!

Grass is always greener on the other side

남의 떡이 더 커 보인다

'풀은 다른 쪽에서 봤을 때 더 푸르게 보인다', 즉 '남의 떡이 더 커 보인다'는 뜻이다. 자기 삶에 쉽게 만족하지 않는 것은 동서양을 막론하고 누구나 같은가 보다. 누군가가 삶에 대해 투덜거릴 때, 혹은 자신을 누군가와 비교하면서 우울해한다면 "Grass is always greener on the other side."라고 말해 주자.

Tae	What's up? Why the long face?
Kathy	Everyone **on social media** seems happy. Everyone has a perfect life.
Tae	It's social media!
Kathy	I know, but I'm going through a hard time and I can't help thinking negative.
Tae	You gotta remember, "Grass is always greener on the other side."

태이	무슨 일이야? 왜 이렇게 울상이야?
캐시	SNS를 보면 모두 행복해 보여. 다들 완벽한 삶을 살고 있어.
태이	SNS잖아!
캐시	알긴 하는데, 난 지금 너무 힘들어서 자꾸 부정적인 생각이 들어.
태이	기억해. '남의 떡이 더 커 보이는 법'이야.

✕ ･ ✕ ･ ✕ ･ ✕ ･ ✕ ･ ✕ ･ ✕ ･ ✕ ･ ✕ ･ ✕ ･ ✕ ･ ✕ ･ ✕ 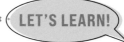 **LET'S LEARN!**

SLANG ● **What's up?**

What's up?은 How are you?처럼 인사말로 쓰기도 하지만 '왜 그래?', 혹은 '무슨 일이야?'라는 뜻으로 사용되는 경우도 많다. 철자를 다양하게 Wazzup?, Wassup?, Waddup? 또는 줄여서 Ssup?이라고 쓰기도 한다.

What's up? Is something wrong?
왜 그래? 뭐 문제 있어?

IDIOM Why the long face?

왜 얼굴이 기냐고? 설마 그런 말론 했을까! '왜 우울해 보이느냐?' 혹은 '왜 불만이 가득해 보이느냐?'라는 뜻의 숙어이다.

Why the long face? You look like you are gonna burst into tears.
왜 울상이야? 너 왈칵 눈물 쏟을 것 같이 보여.

GRAMMAR Everyone seems happy

everyone, everybody 뒤에는 '단수 동사'가 와야 하고, every 뒤에는 '단수 명사 + 단수 동사'가 와야 한다.

Everyone **has** a perfect life.
모두 완벽한 삶을 살고 있어.

Everybody **looks** happy on Instagram.
인스타그램에서는 모두가 행복해 보여.

Everything **is** so tasty!
다 맛있어!

Every single person regardless of gender, age and race **needs** to be respected.
성별, 나이, 인종에 상관없이 모든 한 사람 한 사람은 존중받아 마땅하다.

KONGLISH SNS는 콩글리시다!

Social Network Services는 콩글리시다! 영어 같지만 영어가 아닌 SNS! 올바른 표현은 social media platform이다. 줄여서 social media라고 한다.

MOST MISTAKEN '나 요즘 힘들다'는 영어로?

혹시 I'm hard.라고 말한 적이 있는가? 이것은 저자가 들은 가장 충격적인 실수가 아닐 수 없다. hard가 물론 '어려운, 힘든'을 의미하기도 한다. 하지만 '딱딱한'이라는 뜻도 된다는 걸 알고 있는가? 따라서 I'm hard.는 '나는 딱딱하다'라는 뜻으로 남성이 성적으로 흥분됐을 때 쓰는 표현이다. 가히 가장 최악의 실수로 꼽을 수 있다. 올바른 표현은 I'm going through a very difficult time (in my life).이다. I've been going through tough/rough times.라고 표현할 수도 있다.

Slow and steady wins the race

느려도 꾸준함이 이긴다

한결같이 잘 팔리는 상품을 일컬어 '스테디셀러'라고 하듯이 steady는 '한결같이 꾸준한'을 의미한다. 따라서 '천천히 꾸준하게 가면 시합에서 이긴다'라는 속담이다. '한 달 안에 입이 트인다', '3개월만 투자하면 한 달 만에 보통 직장인의 연봉을 벌 수 있다' 등의 광고들을 보게 되는 요즘이다. 세상에는 노력 없이 얻어지는 것은 하나도 없다. 느리고 더디어도 괜찮다. 꾸준함이 이긴다.

Alex   I've been looking for a job for months but nobody wants to hire me.

Rachel It must be so hard. I'm sorry to hear that.

Alex   I'm losing self-confidence.

Rachel Put your chin up! Just keep doing what you've been doing. I believe in you.

Alex   Thanks for saying that.

Rachel No matter what you do, slow and steady wins the race!

알렉스 몇 달 동안 일자리를 찾아봤는데 어디에서도 날 뽑아 주지 않네.
레이철 많이 힘들겠구나. 참 그러네.
알렉스 자신감을 잃어 가고 있어.
레이철 당당해져! 지금까지 해 왔던 것들을 계속해 봐. 난 널 믿어.
알렉스 그렇게 말해 줘서 고맙다.
레이철 무엇을 하든 느려도 꾸준함이 이겨!

× · × · × · × · × · × · × · × · × · × · × · × · ×

 look for vs. find

한국인들이 가장 헷갈리는 것 중 하나가 look for와 find이다. 둘 다 '찾다'란 뜻이지만 look for는 찾는 과정, 찾고 있는 행동에 중점을 두고 있는 반면에 find는 찾은 결과에 중점을 둔다.

I'm looking for my phone. | I found my phone!
나는 내 핸드폰을 찾고 있는 중이야. (과정) | 내 핸드폰 찾았어! (결과)

Who are you looking for? | Did you find it?
지금 누구 찾으시죠? (과정) | 찾았어? (결과)

EXPRESSION • ## I'm sorry to hear that.

미안하다는 의미가 아니라 '그런 소식을 듣게 되어 유감이다'란 뜻이다. I'm sorry.는 하나의 리액션처럼 '헐', '아이고', '어떻게', '저런' 등으로 Oh no!처럼 쓰일 수도 있다.

IDIOM • ## Put your chin up!

직역하면 '턱을 들어!'가 된다. 즉 '당당해져라!', '어깨를 펴라!', '힘을 내!'라는 뜻이다.

Put your chin up! You are glorious!
당당해져! 넌 눈부시게 멋져!

PATTERN • ## keep (on) + 동명사

지속적으로 무언가가 일어나거나 계속해서 어떠한 행동을 할 때 쓰는 패턴이다.

He kept on talking. | **It keeps on snowing.**
그는 계속 말을 했다. | 계속해서 눈이 온다.

MOST CONFUSED • ## believe vs. believe in

believe는 단순히 진실성을 판단할 때 사용되며 believe in은 가능성, 존재, 능력을 믿는다는 뜻이다.

Please believe me! | **Please believe in me.**
나 거짓말하는 거 아니라고! | 내가 할 수 있다는 걸 믿어 줘.

I believe him. | **I believe in GOD.**
나는 그가 진실을 말하는 거라 믿어. | 나는 신의 존재를 믿는다.

Everything happens for a reason

모든 것에는 이유가 있다

정말 사랑했던 사람이 떠나갈 때가 있고 진정으로 원했던 꿈이 이루어지지 않을 때가 있다. 하지만 이 모든 경험은 결국 오늘날의 우리를 만들어 주는 자양분이 된다. 사랑하는 사람을 잃어 봤기 때문에 새로운 사랑에 감사할 줄 알게 되고, 이루어지지 않은 꿈 때문에 겸손을 배우기도 한다. 이렇게 우리의 삶에 일어나는 모든 것에는 반드시 이유가 있다는 뜻이다.

Logan	Hi Esther, I heard you broke up with Kyle. Are you OK?
Esther	I guess we weren't meant to be.
Logan	Well, I believe everything happens for a reason.
Esther	I would like to believe so.
Logan	Hang in there, girl. Time will heal.
Esther	Thanks for calling!

로건	안녕, 에스더, 카일이랑 헤어졌다고 들었어. 괜찮아?
에스더	우린 인연이 아니었나 봐.
로건	음, 난 모든 것에는 다 이유가 있다고 믿어.
에스더	그렇게 믿고 싶다.
로건	조금만 견뎌 보자. 시간이 약이야.
에스더	전화 줘서 고마워!

× · × · × · × · × · × · × · × · × · × · × · ×  LET'S LEARN!

 MOST CONFUSED ● **hear vs. listen**

hear은 우연히 듣게 되는 정보, 루머, 소리 등을 '귀'로 들었을 때 쓰는 표현이며 listen은 의지를 가지고 집중해서 의도적으로 '마음의 귀'를 기울여서 들을 때 쓰는 표현이다.

Have you heard the news?	Are you listening?
그 소식 들었어?	너 지금 내 말 듣고 있는 거야?

MOST MISTAKEN ● **break는 '부수다, 부러뜨리다'**

가끔 I broke my boyfriend/girlfriend.라는 표현을 듣게 된다. 뭐?! 애인을
부러뜨렸다고!? 동사 break 뒤에 반드시 전치사 up (with)을 붙여야
'(~와) 헤어지다'라는 의미가 된다. 이렇게 뒤에 어떤 전치사가 오느냐에
따라 의미가 완전히 달라진다는 것을 명심하자.

break out 발생하다	The Korean War broke out on June 25, 1950. 한국 전쟁은 1950년 6월 25일에 발생했다.
break in(to) 침입하다	Someone broke into my car and stole my gum! 누군가 내 차에 침입해서 껌을 훔쳐 갔어!
break down 고장 나다, 실패하다, 마음이 무너지다	I broke down and cried like a baby. 난 주저앉아서 미친 듯이 울었어.
break away 달아나다, 독립하다	I want to break away from my bad habits. 내 나쁜 버릇에서 좀 벗어나고 싶어.

IDIOM ● **meant to be**

It is meant to be.는 '운명이다'라는 뜻이다. 잘 어울리는 커플을 칭찬할 때
You guys are so meant to be together.라고 말하는데 '너희는 정말 함께
할 운명이다', 즉 '너무 잘 어울린다'라는 뜻이다.

IDIOM ● **Hang in there!**

거기 매달려 있으라고? 힘들지만 조금만 더 견디라는, 조금만 더 힘을
내라는 뜻이다.

Hang in there! Everything's gonna be all right.
조금만 견뎌! 다 괜찮아질 거야.

IDIOM ● **Time will heal.**

시간이 치유해 줄 것이다. 즉 '시간이 약이다'이란 뜻이다. 아픔도 슬픔도
시간이 지나면 무뎌지고 괜찮아질 것이란 표현은 동서양을 막론하고 동일하게
쓰인다.

Time heals! 시간이 약이야!
Time is the best medicine. 시간이 최고의 약이야.

Day
5

It is what it is

뭐 어쩔 수 없잖아?

얼마 전 트럼프 대통령이 왜 당신을 따르는 사람들에게 마스크를 쓰라고
권면하지 않느냐는 질문에 "They are dying. It's true but it is what it is.",
즉 많은 사람이 죽는 것이 사실이지만 상황이 이런 거 뭐 어쩌겠냐고 말해서
이슈가 되었다. 어떻게 보면 이 표현은 누군가를 위로할 때는 그리 좋은 표현은
아닌 것 같다. 힘들 때 자기 자신에게 It is what it is.(바꿀 수 없는 상황이니
그냥 받아들이자.)라고 주문을 걸어 보자!

Mason   I'm feeling super frustrated with this whole
        COVID-19 pandemic!
Diane   I feel ya. I also had to cancel my trip to Paris.
Mason   Sigh. I wonder when this would all end.
Diane   Well, it is what it is. Life goes on.
Mason   True. I guess we just need to accept it.
Diane   It sucks so much, though.

메이슨 코로나 때문에 답답해 미치겠어!
다이앤 공감해. 나도 파리 여행을 취소해야 했어.
메이슨 휴. 도대체 다 언제쯤 끝날까?
다이앤 뭐, 어쩌겠어. 어떠한 상황 속에서도 시간은 흘러가고 삶은 계속되지.
메이슨 그래. 받아들이는 수밖에 없는 것 같네.
다이앤 하지만 진짜 짜증 나.

× · × · × · × · × · × · × · × · × · × · × · ×  LET'S LEARN!

MOST ASKED • '답답하다'는 영어로?

"답답하다"란 표현을 정확하게 영어로 바꿀 수는 없지만 frustrated로
대체해서 사용할 수 있다. 내 마음대로 진행되지 않고 생각이 많아 가슴이
답답할 때는 I'm frustrated.라고 말할 수 있다. 하지만 작은 공간이
답답하거나 숨 쉴 수 없어 답답함을 느낀다면 stuffy 또는 suffocating을
써야 한다.

I feel ya.

I feel you.는 '나는 너를 느낀다'가 아닌 '공감한다, 네가 느끼는 그 감정을 나도 느낀다'는 뜻이다. You를 원어민들은 구어체에서 이렇게 ya로 말하기도 한다. 그리고 You all을 줄여서 Y'all로 말하는 것을 가끔 볼 수 있는데 이것은 사투리이기도 하면서 슬랭이기도 하다. I feel y'all!

trip vs. travel

trip은 '명사'이고 travel은 '동사'이다. 자기소개를 할 때 단골로 등장하는 문장이 바로 I love travel.인데, 이는 틀린 문장이다. 여행하는 것을 좋아한다면 I love to travel. 또는 I love traveling.이라고 해야 한다. 한 문장에 동사가 두 개 들어갈 수 없기에 travel을 'to부정사' 또는 '동명사'로 만들어야 한다. 명사인 trip을 사용해서 말하고 싶다면 I love to go on trips. 또는 I love going on trips.라고 말해 보자!

Life goes on.

'어떠한 시련 속에서도 삶은 계속된다'는 표현이다. 죽지 않는 한 인생은 끝나지 않으니 말이다. 오래전에 미국 서부를 대표했던 '2Pac'의 노래 <Life Goes On>을 들어보기를 추천한다.

Get up and broaden your shoulders because no matter what life goes on!
일어나서 어깨를 활짝 펴라, 무슨 일이 있어도 삶은 지속되니 말이다!

It sucks!

'짜증 나!', '구려!', '별로야!', '안타까워!' 등 여러 상황에서 다양하게 사용될 수 있는 슬랭이다. 또는 무언가를 잘하지 못할 때 I suck at ~.이라고 말할 수 있다.

| I suck at cooking. | It sucks that I can't see you today. |
| 저는 요리를 정말 못해요. | 오늘 널 볼 수 없어 안타까워. |

You can't go wrong with it

언제나 옳아

직역하면 '넌 틀릴 수 없다', 즉 '절대 실패할 일이 없다', '언제나 옳다'라는
뜻의 표현이다. You can't go wrong with 뒤에 someone 혹은
something을 붙여 다양하게 응용할 수 있다. 더 강조하고 싶을 때는 never을
사용해서 You can NEVER go wrong with it!이라고 말할 수 있다.
You can NEVER go wrong with "Thank you".
고맙다고 말하는 것은 언제나 옳다.

Sis   I'm starving to death! Let's go grab a bite!
Bro   I haven't eaten all day, too. What do you
      want?
Sis   I'm craving meat.
Bro   You can't go wrong with Korean BBQ!
Sis   My mouth is watering already. Let's
      bounce!

누나   배고파 죽겠어. 간단하게 뭐 좀 먹으러 가자!
동생   나도 하루 종일 아무것도 안 먹었어. 뭐 먹을래?
누나   고기가 당겨.
동생   불고기는 언제나 옳지.
누나   벌써 입에 침이 고인다. 가자!

IDIOM ── **to death**

전치사 to는 대부분 방향을 말해 주는데 죽음을 향할 만큼, 죽음에 이르도록 지루하거나, 보고 싶거나, 아플 때, 즉 강조하고 싶을 때 이 표현을 사용할 수 있다.

I'm bored to death.
심심해 죽겠어.

I'm scared to death.
무서워 죽겠어.

SLANG ── **Let's go grab a bite!**

'무언가를 먹으러 가자'는 의미의 슬랭이다. 주로 빨리, 간단하게 샌드위치나, 햄버거와 같은 음식을 먹을 때 주로 사용된다. 비슷한 표현으로는 Let's go grab something to eat.가 있다.

Do you wanna go grab a bite? 간단하게 뭐 먹으러 갈래?

EXPRESSION ── **crave**

무언가를 강하게 원하고 갈망할 때 쓰기도 하며, 속된 말로 특정 음식이 '당긴다'고 할 때 I crave (something).이라고 말할 수 있다.

What do you crave?
넌 뭐가 당겨?

I'm craving pizza right now.
난 지금 피자가 당겨.

IDIOM ── **My mouth is watering.**

무언가 정말 맛있어 보일 때 '군침이 돈다'는 의미로 My mouth is watering. 또는 형용사 mouthwatering을 사용할 수 있다.

It looks mouthwatering! 그거 정말 맛있겠다!

SLANG ── **bounce**

'(공이) 튀다'는 뜻이지만 슬랭으로 동사 go와 동일하게 '가다' 또는 '떠나다'는 뜻으로 사용되기도 한다.

I'm gonna bounce. See you tomorrow, guys.
나 갈게. 내일 보자, 얘들아.

It's no use crying over spilt milk

이미 엎질러진 물이다

직역하면 '이미 엎지른 우유 때문에 울어 봤자 아무 소용없다'로 '과거에 연연하지 마라', '이미 엎질러진 물이다' 등을 뜻한다. 가끔 과거에 내가 했던 잘못된 선택들로 인해 괴로울 때가 있다. 내가 왜 그랬을까? 왜 그때 그 사람을 떠나보냈을까? 그때 왜 화를 냈을까? 그때 투자를 하는 게 아니었는데! 하지만 이미 지나간 과거일 뿐. 후회는 후회를 낳을 뿐이다. 차라리 그 시간에 앞으로 어떻게 과거의 실수를 만회할지 고민해 보자!

Sam   I shouldn't have entered **this company from the get-go.**

Nick Oh, please! There you go again!

Sam   I should've majored **in something else in college.**

Nick It's no use crying over spilt milk! Everything you are talking about is spilt milk.

Sam   Sorry.

Nick What's done is done. **Let's just** booze away sorrows!

샘   처음부터 이 회사에 들어오는 게 아니었어.
닉   아후, 제발! 또 시작이네!
샘   대학 때 다른 걸 전공했어야 했는데.
닉   이미 지나간 일인데 후회하면 뭐 해! 네가 지금 하는 이야기 전부 다 이미 일어난 과거잖아.
샘   미안해.
닉   이미 끝난 일들이야. 그냥 술이나 마시고 잊어버리자!

LET'S LEARN!

GRAMMAR • **I should (not) have + p.p.**

I should have + p.p. (~했었어야 했다)
무언가를 했었어야 했으나 결론은 하지 않은 것이다.

I should have studied harder.	I should have told you.
더 열심히 공부할걸.	너한테 이야기해 줄걸.

I shouldn't have + p.p. (~을 하지 말았어야 했다)
하지 말았어야 했으나 결론은 한 것이다.

I shouldn't have slacked off.	I shouldn't have screamed at you.
게으름 피우지 말걸.	너한테 소리 지르는 게 아니었어.

SLANG • **from the get-go**

get-go는 '아주 처음, 시작'이란 뜻이다. git-go로 쓰기도 하며 흑인
사회에서 처음 사용되기 시작한 슬랭이다.

I didn't like it from the get-go!	I've known it from the get-go.
난 아주 처음부터 싫었어!	난 아주 처음부터 알고 있었어.

IDIOM • **What's done is done.**

직역하면 '이미 끝난 것은 끝난 것이다', 즉 이미 지나간 건 어쩔 수 없다,
이미 한 것은 되돌릴 수 없다는 뜻이다. It's no use crying over spilt
milk.와 비슷한 표현이며 이외에도 Don't dwell on the past. / Past is
past. / It's water under the bridge. 등이 있다.

SLANG • **Booze away sorrows!**

booze는 alcohol의 슬랭이며 동사 및 명사로 사용된다. booze away는
'술을 마심으로써 멀리 보낸다'는 의미로 Booze away sorrows.는
'슬픔을 술을 마심으로써 멀리 보낸다'는 뜻이 된다.

I boozed away sorrows last night. (동사)	I want some booze. (명사)
어제 술 마시고 잊어버렸어.	술 좀 마시고 싶다.

A leopard can't change its spots

사람은 변하지 않아

'표범은 자신의 무늬를 지우거나 바꿀 수 없다'는 뜻으로 '사람은 변하지 않는다'로 해석할 수 있다. 우리말에 '사람은 고쳐 쓰는 게 아니다'라는 말이 있는데, 이것을 직역해서 You can't fix people.이라고 하면 의미가 달라지고 어색해진다. 영어는 항상 직역이 아닌 의역을 해야 하며 원어민들이 어떤 상황에서 어떤 표현을 쓰는지 공부하는 게 매우 중요하다.

Aaron   Do you believe people can change?

Lora   I actually believe a leopard can't change its spots. However, I also believe people can change by the power of love.

Aaron   Really? I find it hard to believe.

Lora   I had the luck to experience the power of love. But it takes time.

Aaron   For the love of God! Nothing comes easy!

아론   넌 사람이 바뀔 수 있다고 생각해?

로라   사실 난 사람은 바뀌지 않는다고 생각해. 하지만 사랑의 힘으로 사람은 바뀔 수 있다고 믿어.

아론   정말? 믿기 힘든데.

로라   난 운 좋게 사랑의 힘을 경험한 적이 있어. 하지만 시간이 걸리지.

아론   빌어먹을! 쉽게 얻어지는 건 하나도 없어!

× · × · × · × · × · × · × · × · × · × · × · × · ×   LET'S LEARN!

GRAMMAR ● **추상 명사 power, luck 그리고 love 앞에 왜 정관사 'the'가 붙었을까?**

power, luck 그리고 love는 공통적으로 셀 수 없는 추상적인 개념이기에 앞에 관사가 올 수 없다.

추상 명사는 셀 수 없으며 관사가 붙지 않는다.

하지만 대화 속에 등장한 power, luck, love 앞에는 정관사 'the'가
등장한다. The power of love는 그냥 추상적인 파워가 아닌 사랑의 그 힘!
이라고 콕 집어서 말해 주고 있기에 앞에 정관사가 등장하며 마찬가지로
the luck to experience the power of love는 그냥 운이 아닌 '사랑의
힘을 경험할 수 있었던 바로 그 운'! 마지막으로 for the love of God은 그냥
사랑이 아닌 신의 사랑이라 정확하게 지칭하고 있기에 정관사가 공통적으로
등장했다. 이와 같이 **문맥과 상황에 따라 추상 명사 앞에도 관사가 등장할 수
있음을 기억하자!**

PATTERN ● **I find it hard to + 동사 원형**

I find it hard to ~는 '~하기 힘들다'란 패턴이다. 여기서 find는 '찾다'가
아닌 '생각한다'로 해석된다.

I find it hard to say "No".
난 거절하는 게 힘들어.

**I find it hard to get up in the
morning.**
난 아침에 일어나는 게 힘들어.

IDIOM ● **For the love of God!**

놀라거나 충격을 받았을 때 사용되며 '빌어먹을', '아나', '아휴', '젠장',
'제발' 등을 뜻한다. Oh, my God!과 유사한 표현이다.

For the love of God, stop it! 아휴, 정말! 제발 좀 그만해!

For the love of God, be careful! 워워, 조심히 다뤄!

For the love of God, hurry! 제발… 제발, 빨리 와 주세요!

EXPRESSION ● **Nothing comes easy!**

'아무것도 쉽게 오지 않는다', 즉 '그 어떤 것도 노력 없이, 쉽게 얻어지는
것은 없다'는 뜻이다.

Nothing comes easy. You gotta work real hard for it.
그냥 얻어지는 건 없어. 얻기 위해 정말 열심히 일해야 해.

Give someone the benefit of the doubt

속는 셈 치고 믿어 보자

직역하면 이것은 법률 용어로 무죄인지 유죄인지 doubt(의심)이 들지만 확실한 증거가 없을 때 피고에게 benefit(이득)을 주어 무죄라고 추정한다는 뜻이다. 일상생활에서는 심증은 있지만 물증은 없는 상황일 때, 뭔가 의심쩍지만 그럼에도 불구하고 믿어 보려고 할 때 쓸 수 있다.

Teddy   So Sorry! I was stuck in a very heavy traffic jam.

Jade   You are late again. Last time you said your car broke down.

Teddy   I know it doesn't make sense but you need to give me the benefit of the doubt.

Jade   Three times in a row but fine I'll give you the benefit of the doubt. But this has gotta be your last time.

Teddy   Argh! This is so frustrating. I wish I could prove it to you!

테디   진짜 미안해! 차가 너무 막혔어.
제이드   또 늦었네. 저번에는 차가 고장 났다며.
테디   말도 안 되는 거 아는데, 일단 좀 그냥 믿어 주라.
제이드   세 번 연속이지만 그래 속는 셈 치고 그냥 믿어 줄게. 하지만 이게 마지막이야.
테디   아오! 답답하다, 진짜. 증명해 주고 싶다!

× · × · × · × · × · × · × · × · × · × · × · × · LET'S LEARN!

EXPRESSION ➔ **get/be동사 stuck in a traffic jam**

stuck(오도 가도 못하다) in traffic jam(교통 체증에 갇혀서)는 '차가 막혀 꼼짝하지 못한다'는 뜻이다.

It doesn't make sense

이해가 안 되는 상황일 때, 객관적으로 말이 안 되는 상황일 때 사용하는
표현이다. 반대로 이해가 되고 말이 되는 상황이라면 It makes sense.라고
말할 수 있다.

Do you think this makes sense?
너는 이게 이해가 되니? / 이게 말이 된다고 생각해?

 gotta

have got to의 준말이며 '~해야만 한다'로 have to와 같은 뜻이다. 원어민들은
구어체에서 have를 생략하고 got to를 줄여 gotta라고 많이 말한다.

I gotta go.   **You gotta eat healthy.**
나 가야 해.   너 건강하게 먹어야 해.

 wish vs. hope

무언가 이루어지기에 불가능하거나 일어날 가능성이 거의 없을 때는 wish를
사용하고, 무언가 이루어지길 진심으로 희망하고 바랄 때는 hope를 쓴다.
하지만 <wish+명사>일 경우는 hope와 같은 의미로 사용된다.

I wish I were taller. 키가 좀 더 컸으면 좋았을걸.
▶ 키가 더 클 가능성은 0%이므로 가정법 과거

I hope you get well soon! 빨리 쾌차하세요!
▶ 진심으로 상대가 낫기를 희망하고 바람

I wish you a Merry Christmas! 행복한 성탄절 되세요!
▶ <wish +명사>

wish	hope
I wish you had a good time.	**I hope you had a good time.**
좋은 시간을 보내셨다면 좋았을 텐데.	좋은 시간 되셨기를 바랍니다.
▶ 결국 좋은 시간을 보내지 못함	

Where there is a will there is a way

뜻이 있는 곳에 길이 있다

불가능한 일 같아 보여도 진정으로 원하고 바란다면 반드시 길은 열린다는
뜻이다. 여기서 will은 '의지', 즉 '뜻'을 말한다. 우리도 흔히 '의지만 있으면
뭐든지 할 수 있다'고 한다. 윤봉길 의사는 '장부가 뜻을 품고 집을 나서면 살아
돌아오지 않는다.'라는 글을 남기고 중국으로 떠났다. 뜻을 품는다는 것은
가슴속 깊이 굳게 결심하는 것이며 피나는 노력이 뒷받침되어야 한다는 것을
잊지 말자.

Minue   My dream is to be on the world stage.

Kendall No wonder you are so into learning English
         these days!

Minue   Correct. I'm all about studying English
         these days.

Kendall I strongly believe where there is a will there
         is a way.

Minue   I really appreciate your words and support.
         It means a lot to me.

민우   내 꿈은 세계 무대에 서는 거야.
켄달   그래서 네가 요즘 영어 배우는 거에 푹 빠져 있구나!
민우   맞아. 요즘 밥 먹고 영어 공부만 하고 있어.
켄달   난 뜻이 있는 곳에 길이 있다고 굳게 믿어.
민우   그렇게 말해 주고 응원해 줘서 정말 고마워. 큰 힘이 된다.

PATTERN **No wonder + (that)절**

No wonder은 '어쩐지!'란 감탄사이다. 뒤에 절을 붙여 응용할 수 있으며 '그래서 그랬구나!'란 뜻으로 무언가 놀랄 일이 아닌 당연한 일에 대해 사용된다.

No wonder you are so skinny! You barely eat.
그래서 네가 이렇게 말랐구나! 넌 거의 먹질 않아.

EXPRESSION **into (someone/something)**

무언가에 혹은 누군가에게 '푹 빠져 있다'는 뜻이다. 《He Is Not That Into You(그는 당신에게 반하지 않았다)》라는 책은 많은 여자들에게 사랑받았고 영화로도 만들어졌다. Check it out!(한번 읽어 보기를!)

I'm so into you.
난 너한테 푹 빠졌어.

What are you into these days?
넌 요즘 뭐에 빠져 있어?

EXPRESSION **'딸 바보'는 영어로?**

all about (something/someone)은 '~밖에는 모른다'란 뜻이다. 흔히 우리는 딸밖에 모르는 아빠를 '딸 바보'라고 하는데 이를 직역해서 Daughter stupid라고 하면 어색한 표현이 된다. 따라서 all about을 사용해 He is all about his daughter.이라고 자연스럽게 말해 보자. (그는 딸밖에 몰라. 딸 바보야.)

I'm all about you.
난 네가 전부야. / 난 너밖에 몰라. /
난 너만 사랑해.

Lora is all about teaching English
and her students.
로라는 영어 가르치는 것과 학생들밖에 몰라.

EXPRESSION **It means a lot.**

mean은 동사로 '의미하다', 형용사로는 '못된' 등 여러 가지 뜻이 있다. It means a lot은 원어민들이 밥 먹듯이 사용하는 표현 중 하나로 '나에게 많은 의미가 있다', 즉 '큰 힘이 된다'는 의미이다.

It means the world to me!
정말 세상 큰 힘이 돼!

You are so mean!
너 정말 못됐어!

LET'S PRACTICE!

1. 주어진 어휘를 이용해서 문장을 만들어 보세요.

1 나 네 얘기 안 믿어. (buy)

_____

2 왜 이렇게 울상이야? (face)

_____

3 그것참 유감이다. (hear)

_____

4 나 남자 친구랑 헤어졌어. (break)

_____

5 나 요리 정말 못해. (suck)

_____

6 나 고기가 당겨. (crave)

_____

7 게으름 피우지 말 걸 그랬어. (slack off)

_____

8 쉽게 얻어지는 건 아무것도 없어. (come)

_____

9 키가 좀 더 컸으면 좋았을걸. (wish)

_____

10 너 요즘 뭐에 빠져 있어? (into)

_____

정답 1   1) I don't buy your story. 2) Why the long face? 3) I'm sorry to hear that. 4) I broke up with my boyfriend. 5) I suck at cooking. 6) I'm craving meat. 7) I shouldn't have slacked off. 8) Nothing comes easy. 9) I wish I were taller. 10) What are you into these days?

2.

같은 의미가 되도록 빈칸을 채워 보세요.

1   정신 차려.

Wake up and smell _____.

2   남의 떡이 더 커 보이는 법이야.

Grass is always greener _____.

3   느려도 꾸준함이 이겨.

_____ wins the race.

4   모든 것에는 이유가 있다.

Everything happens _____.

5   입 안에 군침이 돈다.

My mouth _____.

6   간단하게 뭐 먹으러 가자.

Let's go grab _____.

7   이미 엎질러진 물이야.

It's no use crying _____.

8   이미 끝난 일들이야.

What's done _____.

9   사람은 변하지 않아.

A leopard _____ its spots.

10 뜻이 있는 곳에 길이 있다.

Where _____ there is a way.

Day

11~20

Pain in the ass

짜증 나는 골칫덩어리

미국인들은 욕하거나 비속어를 사용할 때 '엉덩이'라는 단어를 자주 사용하는 걸 볼 수 있다. 엉덩이는 본래 buttocks이지만 구어체에서는 대부분 butt을 사용하며 비속어로는 ass이다. asshole(싸가지 없는 자식), buttface (못생긴 사람/바보), Kiss my ass.(웃기고 있네), I'll kick your ass.(너 발라버릴 거야), LMAO: Laughing my ass off.(완전 빵 터지다), bust my ass(새빠지게 일하다), dumbass(등신) 등이 있다. butt과 ass의 뉘앙스의 차이점을 알아야 제대로 느낌을 이해할 수 있는데 pain in the butt이 '골칫덩어리'라면 pain in the ass는 이보다 더 비속어 느낌으로 '짜증 나는 골칫덩어리'를 의미한다.

John   Damn it! My laptop won't start again!

Kamila What? Didn't you get it fixed last week?

John   Uh, huh. This is real pain in the ass. It's really pissing me off.

Kamila I think it's time to get a new one.

John   It's gonna cost an arm and a leg. I'm so broke these days. Gosh!

존   젠장! 내 노트북 또 안 켜져!
카밀라   엥? 지난주에 고치지 않았어?
존   내 말이. 아, 이거 진짜 짜증 나네. 진짜 열받아.
카밀라   새것을 살 때가 된 것 같아.
존   돈 많이 깨진단 말이야. 나 요즘 거지야. 아오!

KONGLISH ── '노트북'은 콩글리시다!

notebook은 '공책'이다! lap(무릎) 위에 올려놓고 쓸 수 있는 컴퓨터라고 하여 laptop이라 부르며 desk(책상) 위에 올려놓고 사용하는 컴퓨터라고 해서 desktop이라고 한다.

EXPRESSION ── '컴퓨터를 켜다', '차 시동을 걸다'는 영어로?

본문에서처럼 동사 start를 사용하면 된다. '차 시동을 걸다'는 간단하게 start the car라고 할 수 있다.

SLANG ── piss someone off

사전을 찾아보면 '몹시 화나게 만들다'로 나와 있으나 그 정도로는 뉘앙스가 절대 제대로 전달되지 않는다. piss someone off는 '아주 열받게 하다' 또는 좀 더 속된 말로 '빡치게 하다'에 가깝다고 할 수 있다.

You piss me off.
넌 날 열받게 해.

Sorry for pissing you off.
너 열받게 해서 미안해.

IDIOM ── cost an arm and a leg

직역하면 '내 팔 하나와 다리 하나를 지불하다', 즉 내 장기를 팔아서 산다는 느낌으로 그만큼 '아주 고가'란 뜻이다. 요즘 흔히 말하는 '등골브레이커'와 유사한 표현이다.

This car cost me an arm and a leg.
이 차 얼마나 비쌌나 봐라.

IDIOM ── I'm so broke.

난 부러졌다? No! broke가 형용사로 쓰일 경우 '빈털터리인'을 의미한다. 원어민들은 돈이 없을 때 이 표현을 정말 많이 쓴다.

I'm so broke this month. I don't even have 5 dollars.
이번 달 완전 거지야. 5불도 없어.

Beauty is only skin deep

내면의 아름다움이 더 중요하다

skin deep은 '피상적인' 혹은 '오래 지속되지 않음'을 뜻한다. 또는 무엇이 얕하거나 중요하지 않음을 의미한다. 즉 이 표현은 '아름다움은 피상적일 뿐이다'로 보여지는 것보다는 보이지 않는 사람의 인품, 성격 등이 더 중요하다는 의미다. 외모에 투자하는 만큼 내면도 가꾸는 시간을 가지며 상대의 영혼의 아름다움을 볼 수 있는 눈을 기르도록 노력하자!

Whitney What kind of girls do you go for?

Billy I used to only go for pretty girls but I've realized that beauty is only skin deep.

Whitney I couldn't agree more but girls always go for jocks too!

Billy One day, they will all realize that looks aren't everything.

Whitney Dang! This is deep, bro.

위트니 넌 어떤 여자 좋아해?
빌리 원래는 예쁜 여자만 좋아했는데 예쁜 것보다는 성격이 더 중요한 걸 깨달았어.
위트니 전적으로 동의해. 하지만 여자들도 잘생긴 미식축구 선수들만 좋아하잖아!
빌리 언젠가 게네들도 다 외모가 전부가 아니란 걸 깨닫게 될 거야.
위트니 와! 이건 깊은 이야기다, 친구야.

× · × · × · × · × · × · × · × · × · × · × · 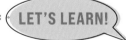 LET'S LEARN!

 **go for**

go for은 대표적으로 5가지 뜻으로 사용된다.

좋아하다, 선호하다
I go for sweet guys.
난 다정한 남자를 좋아해.

어떠한 행동을 취하다
Go for it!
파이팅!/한번 해 봐!
*Fighting!(파이팅!)은 콩글리시다.

덤벼들다
I'm gonna go for its throat.
나는 목을 공격할 거야.

~하러 가다
I'm gonna go for a walk.
나 산책하러 갈 거야.

36

선택하다
I'm gonna go for a Vanilla latte.
전 바닐라 라떼로 할게요.

EXPRESSION

I couldn't agree more.

더 이상 동의할 수 없다? 더 많이 동의할 수 없을 만큼 전적으로 동의한다는 뜻이다. I **can't** agree more.은 조금 더 직설적이며 I **couldn't** agree more.은 가정법으로 간접적인 표현이라고 하지만, 원어민 입장에서는 문법적인 오류는 없으나 I can't보다 I couldn't가 조금 더 자연스럽게 들린다. 비슷한 용법으로 **I couldn't be happier.**(나는 더 이상 행복할 수 없을 만큼 최고로 행복해.) 또는 **It couldn't be worse.**(더 최악일 수 없을 정도로 완전 최악이야.) 등이 있다.

CULTURE

jocks

jock은 대부분 '(고등학교 또는 대학교) 운동선수'를 의미한다. 미국 고등학교에서는 미식축구 선수들을 jocks라고 부르는데 잘생기고 몸이 좋은 훈남이 많아 인기가 많다. 미국 하이틴 영화에서도 쉽게 볼 수 있듯이 jocks는 예쁘고 인기가 많은 치어리더와 사귀는 경우가 많다.

Jocks usually win Prom king.
잘생긴 미식축구 선수들이 대부분 프롬 킹이 된다.

*Prom은 미국 고등학교 축제인 dance party를 의미한다. 11학년 12학년이 참가할 수 있는데 매년 프롬 킹과 퀸을 선발한다.

SLANG

Dang!

dang은 damn의 순화된 표현이다. dang은 본문에서처럼 감탄사로 사용될 수 있으며 '와, 대박!', '짱!', '우와!' 등으로 놀라움과 경이로움을 표현할 때 사용된다.

Dang! She's hot! 와, 대박! 섹시하다!

SLANG

bro

bro는 brother의 준말이다. 남자인 가까운 친구나 형, 오빠, 남동생을 bro라고 부르기도 한다.

We've been bros since ten. 우린 10살 때부터 불알친구였어.

Everything fell into place

모든 상황이 딱 맞아떨어지다 / 모든 퍼즐이 맞춰지다

세 가지가 조화를 이뤄 완벽하게 맞아떨어져 만족스러운 결과를 낳았을 때
우리는 흔히 '삼박자가 맞아떨어졌다'고 한다. Everything fell into place.는
이와 비슷한 의미를 가지고 있다. '모든 것이 딱 맞아떨어져 기대했던 좋은
결과를 얻었다'는 뜻이다.

Don't say once everything falls into place you will find peace.
Find your peace then everything will fall into place.
모든 일이 잘 풀리면 평안을 찾을 거라 말하지 마라.
평안을 찾으면 모든 일이 풀릴 것이다.

Reporter What is your secret to such great success?
Author   Consistency, never giving up and believing
          in myself.
Reporter Do you think luck also played an important
          role in your success?
Author   Absolutely! Everything just fell into place.
Reporter Now things are falling into place for me.
Author   However, success comes to only those
          who are ready for it.

기자 작가님의 성공 비결이 무엇인가요?
작가 끈기, 포기하지 않는 것, 그리고 나 자신을 믿는 것입니다.
기자 운 또한 성공에 중요한 역할을 했다고 생각하시나요?
작가 물론입니다! 모든 게 완벽한 때에 완벽하게 맞아떨어졌어요.
기자 이제야 모든 퍼즐이 맞춰지네요.
작가 하지만 성공은 준비된 자에게만 옵니다.

EXPRESSION • **play an important role**

'한몫을 하다'란 뜻이다. 드라마나 영화에서 배우의 역할을 role이라고
하며 play a role은 '역할을 맡는다, 역할을 하다'이다. 무엇에 있어 중요한
역할을 하는 요소나 조건을 묘사할 때 자주 등장하는 표현이다.

Trust plays a crucial role in maintaining a good relationship.
좋은 관계를 유지하는 데 믿음은 굉장히 중요한 역할을 한다.

EXPRESSION • **Absolutely!**

"당연하지!"를 혹시 Of course!라고만 알고 있는가? 이제 원어민이
즐겨 쓰는 표현 Absolutely!를 대신 써 보자! '전적으로, 틀림없이' 등을
의미하며 강조할 때 여러 상황 속에서 다양하게 쓰인다. 영화와 미드에서
수없이 등장하는 표현 중 하나이다.

You are absolutely right.
네가 전적으로 맞아.

Yes, I absolutely want whipped
cream on top.
네, 무조건 휘핑크림을 올려 주세요.

IDIOM • **Now things are falling into place for me.**

본문에서 두 번째로 쓰인 이 표현은 '모든 것이 조화를 이루어 성공할 수
있었다'란 뜻이 아닌 이제야 왜 인터뷰를 하고 있는 작가가 성공을 할 수
있었는지 이해가 된다는 뜻이다. '이제야 이해가 되네', '이제야 앞뒤가
맞네'란 뜻도 있으니 기억하자!

Oh! The bits of the puzzle are
finally falling into place!
아! 드디어 모든 퍼즐이 맞춰지네요!

Everything fell into place after
finding out the truth.
사실을 알게 된 후 모든 것이 납득이
되었다.

PHRASE/ PROVERB • **Success comes to only those who are ready for it.**

말 그대로 '성공은 준비된 자에게만 찾아온다'라는 뜻이다. 비슷한 표현으로
Success only comes to those who dare to attempt.가 있다. '성공은
감히 도전하는 자에게만 찾아온다'는 의미이다.

Karma is a bitch

업보는 무서운 거야

카르마(Karma)는 과거에 내가 행한 선한 또는 악한 행동이 그대로 미래에 돌아온다는 뜻이다. 우리는 이것을 '뿌린 대로 거둔다' 또는 '인과응보'라 한다. bitch는 사전에 찾아보면 '암캐'라고 나와 있는데 비속어로 '쌍년'에 더 가깝다. 엄청나게 불쾌하고 나를 힘들게 하는 상황이나 사람을 묘사할 때 사용되기도 한다. **Life is a bitch.**(인생 *같아.), **It hurts like a bitch!**(미친 듯이 짜증 나게 아파!) 하지만 친한 친구들 사이에서 장난으로 '~년아' 느낌으로 사용되기도 한다. **Hi, pretty bitches!**(안녕, 예쁜 것들!) bitch의 슬랭으로 완곡된 표현인 biotch 또한 자주 쓰이는 것을 볼 수 있다. **What's up, biotch!**

Sarah	I can't believe Jenny stabbed me in the back.
Liam	I know it hurts but let it go.
Sarah	I wasn't able to sleep at all last night.
Liam	Trust me. Karma is a bitch. What goes around comes around.
Sarah	I really hope so.

세라 제니가 날 배신하다니 믿을 수가 없어.
리암 아프지만 잊어버려.
세라 어젯밤에 한숨도 못 잤어.
리암 날 믿어. 업보는 무서워. 뿌린 대로 거두는 거야.
세라 정말 그러면 좋겠다.

× · × · × · × · × · × · × · × · × · × · × · ×

IDIOM → **stab (someone) in the back**

'누군가의 등에 칼을 꽂는다', 즉 '배신한다'는 뜻이다. 믿었던 존재에게 배신을 당했다면 이 표현을 써 보자!

I got stabbed in the back by someone I trust.
믿는 도끼에 발등 찍혔어.

Never stab me in the back.
절대 날 배신하지 마.

Let it go.

<겨울왕국> OST 중 가장 많은 사랑을 받았던 <Let It Go>. 한국어로는 '다 잊어'로 해석되었는데 이 외에도 나를 짜증 나고 힘들게 하는 것에 반응하지 않는 것, 과거의 후회되는 일을 잊는 것, 잊지 못하는 연인을 놔 주는 것 등을 의미한다.

Let it be. ('비틀즈'의 노래)
순리에 맡겨라.

Let it flow.
흐르는 대로 가.

Let her be.
그녀가 그녀 될 수 있는 자유를 줘. /
그냥 내버려 둬.

Let him go now.
이제 그를 놔 줘.

last night

한국인이 가장 많이 실수하는 표현 중 하나가 바로 '어젯밤'을 직역한 yesterday night이다. 이런 표현은 존재하지 않으며 올바른 표현은 last night이다. 비슷한 실수로 today morning이 있는데 올바른 표현은 this morning이다.

yesterday night (X) ▶ last night (O)
today morning (X) ▶ this morning (O)

I slept early last night.
어젯밤에 일찍 잤어.

I had a huge breakfast this morning.
오늘 아침에 굉장히 많이 먹었어.

What goes around comes around.

말 그대로 '남에게 한 것이 그대로 나에게 돌아온다'는 뜻이다. **You get what you give.**(준 대로 얻는다.), **You reap what you sow.**(뿌린 대로 거둔다.) 등 다양한 비슷한 표현들이 있다.

Say nice things and perform good deeds.
What goes around comes around.
친절한 말을 하고 선한 일을 행하면 그대로 돌아올 것이다.

Life happens

인생은 계획한 대로 흘러가지 않아

인생을 살다 보면 갑자기 생각지도 못한 크고 작은 변화를 만나 계획한
대로 흘러가지 않을 때가 있다. 갑자기 사고를 당하거나, 직장을 잃거나,
경제적으로 어려워지거나, 사랑하는 친구를 잃을 수도 있다. 작게는 갑자기
지갑을 잃어버리거나 커피를 쏟아 가장 좋아하는 옷을 더 이상 입지 못할
수도 있다. 이러한 상황에서 우리는 Life happens.라고 말한다. Shit
happens.(살다 보면 거지 같은 일도 일어난다.)의 완곡한 표현이기도 하다.

Cathy Excuse me. Are you John by any chance?

John Cathy?

Cathy Oh my God! It's been ages! I thought you
went to the States to study.

John My grand plans are shelved. Life happens,
you know?

Cathy Do you have some time to catch up?
Dinner's on me!

캐시 실례합니다. 혹시 존 씨 아니신가요?
존 캐시?
캐시 세상에! 백만 년 만이다! 난 너 미국으로 공부하러 간 줄 알았어.
존 나의 대계획은 보류된 상태야. 인생이 맘대로 되지 않아. 그치?
캐시 어떻게 지냈는지 얘기할 시간 좀 있어? 저녁은 내가 쏠게!

× · × · × · × · × · × · × · × · × · × · × · ×

 **EXPRESSION** → **by any chance**

'혹시' 또는 '혹시라도'란 뜻이며 의문문에서 특히 자주 쓰인다.

Do you have a pen,
by any chance?
혹시 펜 있니?

Have we met before,
by any chance?
우리 혹시 전에 만난 적 있나요?

It's been ages!

ages는 years의 유의어이지만 보다 훨씬 더 오랜 시간이란 뉘앙스를 가지고 있다. 우리도 '백만 년 만이다'라고 말하는 것처럼 그만큼 아주 오랜 시간이 흘렀다는 의미. 비슷한 표현으로는 It's been awhile. / It's been a long time. / Long time no see. 등이 있다. 또한 셀 수도 없고 읽을 수도 없이 큰 숫자를 gazillion이라고 하는데 오버해서 It's been gazillion years!라고 말하기도 한다. (오버해서 표현하는 건 미국인들의 문화이다.)

catch up

먼저 가고 있는 사람을 따라잡거나, 수업 진도나 앞선 수준을 따라잡는다는 뜻이다. 또한 본문에서처럼 오랫동안 이야기 나누지 못한 친구와 그동안의 근황을 이야기하는 것을 catch up 한다고 할 수 있다.

I have a lot to catch up in class.
밀린 수업 과제 따라잡을 게 많아.

Go first. I'll catch up with you in a min!
먼저 가. 바로 쫓아 갈게.

'내가 쏠게'는 영어로?

내가 들었던 가장 충격적인 한국식 영어 표현 중 하나가 I'll shoot you.였다. 나에게 총을 쏘겠다는 말을 듣고 놀라지 않을 사람이 누가 있을까! '내가 쏠게'를 직역한 오류였음을 알고 놀란 가슴을 쓸어내렸다. 올바른 표현으로는 I'll treat you out. / It's my treat. / It's on me. 등이 있다. It's on me.는 '나에게 책임이 있다'는 뜻으로도 사용된다.

It's on me this time!
이번에는 내가 쏠게!

Coffee is on me since you treated me to lunch.
커피는 내가 살게. 네가 점심 사 줬으니까.

Been there and done that

이미 다 해 보고 겪어 봤단다

원래 문장은 I've been there and done that.이지만 주어를 생략하고 말하는
게 일반적이다. 그 상황에 처해 봤으며 경험 또한 해 봤다는 뜻이다. 상대가
하는 말에 나도 그런 경험이 있다고 공감할 때, 또는 이미 다 겪어 봤기에
이제는 조금 시시하다는 뉘앙스로 쓰이기도 한다. 따라서 더 이상 하고 싶지
않거나 같은 실수를 반복하고 싶지 않을 때 사용할 수 있다. 자칫 잘못하면
꼰대 소리를 들을 수 있으니 조심하자!

Mom	Did you smoke? You smell like cigarettes.
Son	No…
Mom	Been there done that. I used to smoke back in high school due to peer pressure.
Son	Really? But I'm afraid that I might get bullied if I don't.
Mom	I know it's hard to resist peer pressure but don't lose yourself. Man up and say No!

엄마　너 담배 피웠니? 담배 냄새난다.
아들　아니요….
엄마　엄마도 다 해 본 거야. 나도 고등학교 때 주변 친구들 때문에 담배 피웠단다.
아들　정말요? 하지만 그러지 않으면 왕따당할까 봐 겁나요.
엄마　친구들의 압력을 떨치는 게 힘든 건 알지만 너 자신을 잃지는 말아라.
　　　남자답게 싫다고 말해!

× · × · × · × · × · × · × · × · × · × · × · ×  LET'S LEARN!

**MOST
CONFUSED** ▸ **I used to vs. I am used to**

비슷하게 생겨 많은 한국인들이 헷갈려 하는 이 두 표현은 전혀 다른
뜻을 가지고 있다. 본문에 나온 <I used to+동사 원형>은 '예전에 ~하곤
했었다'는 뜻이다. 지금은 하지 않지만 예전에는 했던 행동을 이야기할 때 쓸
수 있다. <I am used to+명사/동명사>는 '~에 익숙해지다'라는 뜻이다.
더 이상 헷갈리지 말자!

I used to+동사 원형	I'm used to+명사/동명사
~하곤 했어	~에 익숙해
I used to live in Seoul.	**I'm used to living in Seoul.**
난 서울에 살았었어.	난 서울에 사는 거 익숙해.
She used to drink green tea.	**She is used to drinking green tea.**
그녀는 녹차를 마시곤 했어.	그녀는 녹차를 마시는 것에 익숙해.

EXPRESSION — **peer pressure**

동료, 친구 등 집단으로부터 받는 압력을 의미한다. 특히 청소년들 사이에서 많이 볼 수 있는데 다수의 학생이 하는 행동을 암묵적으로 소수의 학생이 자신의 의견과 상관없이 따르게 되는 것을 의미한다. 부정적인 의미로 대부분 사용되지만 긍정적인 의미로 사용되기도 한다.

I won't let peer pressure change my values.
난 동료 압력이 나의 가치관을 변하게 허락하지 않을 거야.

EXPRESSION — **'일진'은 영어로?**

bully는 왕따를 시키는 것, 조롱하는 것, 폭력을 행사하는 것, 인신공격을 하는 것, 상대가 원하지 않는 행동을 억지로 하게 만드는 행위 등을 전부 포괄하는 표현이다. 명사로는 이러한 모든 행위를 하는 사람을 의미함으로 '일진'이라 번역할 수 있다.

He bullied her into stealing money.	**Cyber bullying is a serious issue these days.**
그는 그녀가 돈을 훔치게 만들었다.	요즘 사이버 공간에서 악플을 남기는 것은 심각한 문제이다.

IDIOM — **Man up!**

'사내대장부로서 용감하게 행동하라'는 뜻이다. 남자로서 해야 할 일들, 책임져야 할 일들을 하라고 할 때 사용되기도 한다. 비슷한 표현으로는 Toughen up!, Be a man about it. 등이 있다.

Stop crying and man up!
그만 울고 남자답게 행동해!

Keep calm and carry on

평정심을 유지하고 계속 앞으로 나아가라

이 표현은 제2차 세계 대전을 준비하던 영국 정부에 의해 만들어진 동기
부여 포스터에 쓰여 있던 표현이다. 어떤 상황 속에서도 평정심을 유지하고
하던 일을 계속하라는 뜻이다. 이 문구는 오늘날 수많은 패러디를 낳았고
지금까지도 전 세계적으로 사랑받고 있다. 영국에서는 이 문구가 새겨진
머그잔, 옷, 쿠션, 팬, 기념품 등을 쉽게 볼 수 있다. **Keep calm and eat
a cake.**(평정심을 유지하고 케이크나 먹어.), **Keep calm and dream
big.**(평정심을 유지하고 꿈을 크게 꿔.), **Keep calm and listen to
music.**(평정심을 유지하고 음악을 들어.) 등과 같이 다양하게 사용된다.

Daughter   I try so hard but my business isn't taking
off.

Dad   Rome was not built in a day. **Just keep
calm and carry on.**

Daughter   That's so true.

Dad   Overnight success is a myth.

Daughter   Thanks, Daddy. I should get myself
together.

딸   정말 열심히 노력하는데 사업이 빵 터지질 않아요.
아빠   로마는 하루아침에 이루어지지 않았단다. 그냥 평정심을 유지하고 계속
나아가렴.
딸   정말 맞는 말씀이세요.
아빠   하루아침에 성공한다는 건 거짓말이야.
딸   고마워요, 아빠. 정신 차려야겠어요.

EXPRESSION ● '떡상하다'는 영어로?

take off는 '이륙하다, 떠나다, 벗다' 등 여러 가지 뜻이 있다. 본문에서는 '인기를 얻다', '성공하다' 또는 소위 요즘 말로 '떡상하다'란 뜻으로 쓰이고 있다.

Did you take off?(떠나다) 너 떠났어?	**My flight is taking off soon.**(이륙하다) 비행기가 곧 이륙해.
Take off your coat.(벗다) 코트 벗어요.	**My career started taking off last year.** (떡상하다) 나의 커리어는 작년부터 빛을 보기 시작했다.

PROVERB ● **Rome was not built in a day.**

세르반테스가 소설 《돈키호테》에 남긴 명언이다. 당시 초강대국이었던 로마는 3천 년간 번영을 누렸던 대제국이 되기까지 수많은 시간이 흘렀듯이 그 어떤 것도 하루아침에 이루어지지 않는다는 뜻이다. 그러니 조급함을 버리라는 지혜가 담긴 명언이다.

EXPRESSION ● **overnight success**

하루아침에 스타가 되고, 노력 없이 갑자기 큰 성공을 거두는 것을 의미한다.

Overnight success actually takes many years. 하루아침 성공은 사실 오랜 시간이 걸린다.	**There is no such thing as overnight success.** 어느 날 갑자기 성공하는 것은 없어.

IDIOM ● **get oneself together**

흩어져 있는 정신과 생각을 한곳으로 모아 정신을 차리는 것을 의미한다. 비슷한 표현으로는 pull oneself together이 있다. 감정을 다스리고 평정심을 유지한다는 의미도 포함되어 있다.

She quit drinking and got herself together. 그녀는 술을 끊고 정신을 차렸다.	**I took a deep breath and pulled myself together.** 나는 깊게 심호흡하고 감정을 다스렸다.

Netflix and chill

넷플릭스를 보면서 뒹굴뒹굴하다

언어는 시대가 변하면서 변하게 된다. 요즘 미국에서는 TV보다 넷플릭스를 보는 사람들이 더 많은 것 같다. 따라서 Netflix를 동사로 사용하는 경우를 많이 볼 수 있는데 Facebook me!(페북으로 연락해!) Kakao me!(카톡해!) I blog.(나는 블로그를 해.)도 마찬가지이다. I Netflixed last night.(나 어젯밤에 넷플릭스 봤어.)라고 말할 수도 있고 chill(쉬다, 놀다)을 붙여 I Netflix and chilled last night.(나 어젯밤에 넷플릭스 보고 쉬었어.)라고도 할 수 있다. 여기서 주의할 것은 Netflix and chill은 "라면 먹고 갈래?"와 같이 이성 간에 성적인 의미로도 쓰이기 때문에 상황과 문맥에 따라 전혀 다른 뜻이 될 수 있음을 꼭 알아 두자.

Bob	What did you do over the weekend?
Lora	I was just home this whole weekend.
Bob	What in the world did you do all alone?
Lora	I was a total couch potato. Just Netflix and chilled.
Bob	You really love vegging out, huh?

밥	주말 동안 뭐 했어?
로라	주말 내내 그냥 집에 있었어.
밥	혼자 도대체 뭐 했어?
로라	소파에 앉아서 완전 텔레비전만 봤어. 그냥 넷플릭스 보고 쉬었지.
밥	넌 정말 아무것도 안 하고 빈둥거리는 거 좋아하는구나, 응?

× · × · × · × · × · × · × · × · × · × · × · ×

 over vs. during

대부분 "주말 동안에 뭐 했어?"를 What did you do during the weekend?라고 직역한다. 이는 문법적으로 틀리지는 않지만 원어민들은 over the weekend를 훨씬 더 많이 쓴다. during은 주말 동안에 한 시점을 이야기할 때 쓰며 over은 throughout과 비슷하게 주말 내내, 즉 금요일부터 일요일까지를 전체적으로 의미한다.

over	during
I studied English over the weekend. 주말 내내 난 영어 공부했어.	**I studied English during the weekend.** 주말에 영어 공부(도) 했어. 주말 동안 공부도 하고, 산책도 하고, 맛집도 가고 등등
I went to Paris over summer vacation. 여름휴가 내내 나는 파리에 다녀왔어.	**I went to Paris during Summer vacation.** 여름방학 동안 파리(도) 다녀왔어. 여름방학 동안 파리도 가고 수업도 듣고 등등

What in the world ~?

'세상에 도대체 이게 뭐야?'라는 의미이다. 뒤에 절을 붙여 이해되지 않는 황당함을 강조하고 싶을 때 사용된다. 앞에 when, where, what, how, why 등과 같은 의문사를 붙여 다양하게 사용할 수 있다. 유사한 표현으로는 What on earth ~? / What the hell ~? 등이 있다.

What in the world are you talking about?
도대체 뭐라는 거야?

Where in the world are you?
도대체 너 어디 있는 거야?

When in the world are you going to clean your room?
도대체 언제 방을 치울 거니?

How in the world did you do that?
도대체 어떻게 한 거야?

couch potato

왜 하필 '감자'일까? 미국인들은 감자 칩을 정말 좋아한다. couch potato는 소파에 앉아 한 손에는 감자 칩, 한 손에는 맥주를 들고 장시간 누워 텔레비전을 보는 사람을 의미한다.

veg out

'꼼짝하지 않고 뒹군다'는 뜻이다. veg는 veggie와 비슷해 보이지 않는가? veggie는 vegetable의 준말이다. 식물처럼 움직이지 않고 가만히 있다고 해서 구동사로 veg out이라고 한다.

I only vegged out over the weekend.
나 주말 내내 누워서 쉬기만 했어.

Monday blues

월요병

미국에서 '파란색'은 우울을 상징한다. 인사이드아웃(Inside Out)이라는 디즈니 애니메이션을 보면 우울을 상징하는 캐릭터는 역시나 파란색이다. **I feel blue.**라는 표현도 마찬가지로 '나는 우울하다'란 뜻이다. 따라서 **Monday blues**는 우리가 흔히 말하는 '월요병'을 의미한다. **Sunday blues**라는 표현도 있으며 이는 월요일이 되기 전 갑자기 출근할 생각에 우울해지는 것을 의미한다.

Linda   I hate **Monday blues**. I wish I didn't have to work.

Ben   You need to take the glass half full approach. I'm thankful that I can pay my rent.

Linda   I need a coffee with an extra shot.

Ben   I'll buy you coffee. Feel better.

Linda   You are absolutely my go-to guy!

린다   월요병 진짜 싫어. 일 좀 안 했으면 좋겠다.
벤   컵에 물이 반이나 차 있다고 생각해. 난 월세를 낼 수 있어 감사해.
린다   샷 추가한 커피가 필요해.
벤   내가 커피 사 줄게. 기운 내.
린다   네가 당연 최고야!

× · × · × · × · × · × · × · × · × · × · × · × 

EXPRESSION ➤ **Take the glass half full approach**

Is the glass half empty or half full?(컵에 물이 반이 비어 있나요, 아니면 반이 차 있나요?) 모든 건 나의 관점에 달려 있다는 걸 깨닫게 하는 질문이다. 같은 양의 물을 보면서 누구는 반이나 차 있다고 생각하며 기뻐하고, 누구는 반이나 비어 있다고 슬퍼할 수 있음을 알려 준다. 따라서 Take the glass half full approach.는 '긍정적으로 생각하라'는 뜻이다.

'고수는 빼주세요.'를 영어로는?

미국인들은 자기의 입맛대로 선택해서 먹는 것을 선호한다. '스타벅스'와 '써브웨이'를 대표적인 예로 들 수 있다. 카페에서나 음식점에서 무언가를 추가하거나 빼 달라고 할 때 직역하여 put을 사용하는 것보다는 with와 without을 사용하는 것이 훨씬 더 자연스럽다. 추가해 달라고 할 경우 add를 사용해도 괜찮다.

~ 빼 주세요	~ 넣어 주세요
Can I have it without cilantro? 고수 빼 주실 수 있나요?	Can I have it with extra Caramel drizzle on top? 위에 캐러멜 더 뿌려 주실 수 있나요?
Can I have my burger without pickles? 햄버거에 피클 빼 주세요.	Can you add Vanilla syrup to my coffee? 제 커피에 바닐라 시럽 넣어 주세요.

rent vs. lease

미국은 전세가 없다. 대부분의 사람들이 월세로 사는 게 현실이다. rent는 '빌리다'란 동사이지만 한국식으로 해석하면 월세가 될 수도 있다. rent와 lease는 둘 다 '빌리다'라는 뜻이지만 **rent는 한 달 이하의 짧은 기간을 의미하며 lease는 일 년 정도의 기간을 의미한다.** 따라서 Car rental은 여행하며 짧은 시간 차를 빌리는 '쏘카' 느낌이며 Car lease는 수년까지도 빌리는 것을 의미한다. 많은 미국인들이 차를 구입하는 것보다 리스하는 것을 선호하며 냉장고, 세탁기 등 가전제품까지도 리스하는 것을 흔히 볼 수 있다.

Hi, I would like to rent a car for 2 days.
안녕하세요, 이틀 동안 자동차를 렌트하려고 하는데요.

go-to

go-to는 특정 상황에 필요하거나 걸맞은 최고의 사람(person) 또는 어떤 것(something)이다. 정보, 조언 또는 도움을 얻기 위해 '가다(go-to)', 즉 '찾게 되는 곳이나 사람'을 의미한다.

This is my go-to café when I want a cheap and quick coffee.
이 카페는 내가 빨리 저렴한 커피를 원할 때 찾는 최고의 곳이야.

It's a go-to place for Instagram.
인스타에 사진 올리기에 딱 좋은 곳이야.

Reveal one's true colors

본색을 드러내다

우리말에도 '본색을 드러낸다'는 표현이 있는데 직역해도 무관할 정도로 동일한 표현이다. reveal은 '보이지 않던 것 또는 비밀 등을 드러낸다'는 것을 의미한다. 누군가가 자신의 진짜 성격, 가치관, 생각, 본성 등을 나타낼 때 사용할 수 있다. 이 표현은 부정적인 어감을 가지고 있기 때문에 긍정적인 상황보다는 부정적인 상황에 더 많이 쓰인다.

Mary   I just wanted to say, 'Thank you'. I really appreciate your presence.

Lucas   What? What has gotten into you?

Mary   People I used to call friends revealed their true colors when I was having the worst time of my life. But you've always been there for me.

Lucas   Don't even go there. That's what friends are for.

메리   그냥 고맙다고 말해 주고 싶었어. 너의 존재가 너무 감사하다.
루카스   뭐? 너 미쳤어?
메리   내가 인생에서 최악의 시간을 보낼 때 친구라고 부르던 사람들이 본색을 드러내더라. 하지만 넌 항상 날 위해 거기 있어 줬어.
루카스   그만해. 그게 친구지.

× · × · × · × · × · × · × · × · × · × · × · × 

 I appreciate

원어민들은 I appreciate it.을 굉장히 많이 쓴다. 심지어 Thank you.와 함께 쓰기도 한다. Thank you.보다는 조금 더 무게가 있으면서도 격식을 차린 표현이며 appreciate에는 '진가를 알아보다, 음미하다' 등의 뜻도 있다. 이 기회에 진부한 Thank you.에서 벗어나 보자!

I appreciate your love and support.
당신의 사랑과 응원에 감사드립니다.

I would appreciate it if you can come at 7.
7시에 와 주면 정말 고마울 것 같아.

IDIOM → ## What has gotten into you?

직역하면 '무엇이 너의 안에 들어갔느냐?'란 뜻으로 '너 뭐 씌었어? 왜 그래?'라는 의미다. 상대가 다른 사람처럼 행동하거나 이상하게 행동할 때 '너답지 않게 갑자기 왜 그래?'라는 뜻이다. got 또는 gotten 둘 다 사용할 수 있다.

What's gotten into you? This isn't you!
너 왜 그래? 이건 네가 아니야!

EXPRESSION → ## You've (always) been there for me

'나를 위해서 항상 그 자리에 있어 줬다'고 직역해도 무관하다. 내가 힘들 때나 좋을 때 항상 곁에서 좋은 벗이 되어 주었다는 뜻이다. 원어민들이 자주 사용하는 표현이니 힘든 시간 나에 곁을 지켜 준 친구나 가족이 있다면 당장 사용해 보자!

Alison has been there for me when I was going through hardships.
앨리슨은 내가 힘들 때 곁에 있어 줬어.

You know I'm here for you, right?
나 널 위해 여기 있는 거 알지?
*주어가 I일 때는 there보다는 here이 더 자연스럽다.

IDIOM → ## Don't (even) go there.

거기 가지 말라고? No! '더 이상 말하지 말라'는 뜻이다. 어떠한 주제에 대해 더 이상 말하고 싶지 않거나, 민감한 주제라 누군가의 기분을 상하게 할 것 같을 때 쓸 수 있다. 선을 넘기 전에 미리 경고할 때 쓰인다. 또는 본문에서처럼 Don't mention it.과 비슷하게 별거 아니니 고마워할 것까지는 없다는 뜻으로도 사용될 수 있다.

Don't go there. I don't want to talk about it right now.
그만하자. 지금 그 이야기하고 싶지 않아.

LET'S PRACTICE!

1. 주어진 어휘를 이용해서 문장을 만들어 보세요.

1 이거 진짜 짜증 나! (pain)

_____

2 제니가 날 배신했어. (stab)

_____

3 내가 쏠게! (on)

_____

4 평정심을 유지하고 계속 앞으로 나아가. (Keep calm)

_____

5 정신 차려! (put)

_____

6 진짜 오랜만이다! (ages)

_____

7 남자답게 행동해! (man)

_____

8 난 집에서 뒹굴뒹굴했어. (veg)

_____

9 모든 상황이 딱 맞아떨어졌다. (fall into)

_____

10 넌 어떤 남자 좋아해? (go for)

_____

2.

같은 의미가 되도록 빈칸을 채워 보세요.

1 나 요즘 돈 없어

I'm _____ these days.

2 업보는 무서운 거야.

_____ is a _____.

3 라면 먹고 갈래?

Do you wanna _____?

4 그는 본색을 드러냈다.

He _____ his _____.

5 너 미쳤어? / 왜 그래?

What has _____?

6 이미 해 보고 겪어 봤단다.

_____ and done that.

7 내면의 아름다움이 더 중요해.

_____ is only skin deep.

8 월요병 너무 싫어.

I hate _____.

9 로마는 하루아침에 이루어지지 않았다.

_____ built in _____.

10 인생은 계획대로 흘러가지 않아.

_____ happens.

Day

21~30

You've got to crack a few eggs to make an omelet

원하는 것을 쟁취하기 위해서는 희생이 수반된다

'오믈렛을 만들기 위해서는 계란을 깨야 한다', 즉 내가 원하는 목표를 달성하기 위해서 또는 성과를 내기 위해서는 하기 싫은 일을 해야 하거나, 희생이 수반될 수밖에 없다는 뜻이다. 원하는 것을 얻기 위해 고통을 감내해야 하는 것은 당연한 것 아닌가!

Matt	I want to start my own business but I'm too scared to quit my stable job.
Lora	Well, you've got to crack a few eggs to make an omelet.
Matt	I didn't think of that.
Lora	It's OK to fail or make mistakes. But if you fall down seven times, you must stand up eight.
Matt	Alright! I'll take my chances.

매트	나만의 사업을 시작하고 싶은데 안정적인 회사를 관두기가 두려워.
로라	글쎄, 원하는 걸 하기 위해선 희생이 따르기 마련이지.
매트	그 생각을 못 했네.
로라	실패하거나 실수해도 괜찮아. 하지만 7번 넘어지면 반드시 8번 일어나야 해.
매트	그래! 위험을 감수해 보겠어.

× · × · × · × · × · × · × · × · × · × · × · ×  LET'S LEARN!

scared vs. scary

'나는 두렵다.'를 I'm scary.라고 실수하는 경우가 많은데 scary는 주어를 꾸며 주는 형용사이기에 '나는 무서운 사람이다.'가 된다. 이와 동일하게 느끼는 감정은 수동 형태로 '-ed'를 붙인 과거분사를 사용해야 하고 주어를 꾸며 주길 원한다면 현재분사를 사용해야 한다. 실수가 빈번한 대표적인 예들을 살펴보자.

과거 분사	현재 분사
I'm bored.	I'm boring.
심심해.	난 지루한 사람이야.
I'm interested.	I'm interesting.
나 관심 있어.	나 재미있는 사람이야.
excited reporters	exciting news
신난 기자들	흥미로운 뉴스
confused students	confusing questions
헷갈려 하는 학생들	헷갈리는 질문들
tired students	tiring job
피곤한 학생들	피곤하게 하는 일

quit vs. stop

quit은 대부분 의무감을 가지고 오랫동안 해 왔던 것을 '완전히 그만두는 것'을 의미하며 stop은 '잠시 행동을 멈추는 것'을 의미한다. 예를 들어 I quit my job.은 퇴사했다는 것을 의미하지만 I stopped working.은 일하는 행위를 잠시 멈춘 것을 의미한다. 하지만 job이나 school을 그만두는 것이 아닌 이상 stop이 quit 대신 쓰이는 것을 흔히 볼 수 있다. stop 뒤에 to부정사가 오는 경우는 '~하기 위해' 행동을 잠시 멈췄다는 뜻이 된다.

quit	stop
I quit smoking.	I stopped smoking. [stop+동사-ing]
나는 담배를 끊었다.	나는 담배를 끊었다./흡연을 잠시 멈췄다.
	vs.
	I stopped to smoke. [stop+to부정사]
	나는 담배를 피우기 위해 멈췄다.

Fall down seven times, stand up eight.

'일곱 번 넘어지면 여덟 번 일어나라'는 뜻으로 한자 성어로는 '칠전팔기'이다. 실패를 거듭하여도 굴하지 않고 다시 일어나 도전하는 것을 말한다.

I'll take my chances.

'도박을 한번 해 보겠다'로 리스크가 있음에도 불구하고 모험을 해 보겠다는 뜻이다. 미래는 아무도 모르니 결과는 하늘에 맡겨 보겠다는 뉘앙스가 있다.

Don't take your chances if you don't have a plan B.
대안이 없으면 위험을 감수하지 마.

Beauty lies in the eye of the beholder

제 눈의 안경이다

그리스의 철학자 플라톤이 한 명언으로 유명하다. 여기서 beholder은 '보는 사람' 또는 '구경꾼'을 의미한다. 따라서 아름다움이란 보는 사람의 취향과 기준에 따라 다르다는 뜻이다.

Sarah   Have you seen Jenny's boyfriend?

Luke   No, why?

Sarah   I don't know why she is going out with him. They don't look good together at all.

Luke   Why? Because of how they dress and look? **Beauty lies in the eye of the beholder.** Beauty comes in every shape and form. He must be a wonderful guy, for Jenny to date him.

세라   제니 남자 친구 봤어?

루크   아니, 왜?

세라   왜 그 사람이랑 사귀는지 모르겠어. 전혀 어울리지 않아.

루크   왜? 스타일이랑 외모 때문에? 아름다움은 보는 사람마다 다르지. 아름다움은 여러 모양과 형태를 가지고 있잖아. 제니가 사귄다면 틀림없이 좋은 사람일 거야.

× · × · × · × · × · × · × · × · × · × · × · × · ×

 **EXPRESSION** ➤ **go out**

go out은 '나가다'란 뜻도 있지만 '사귀다'란 뜻도 있다. Would you go out with me?는 '나랑 같이 나갈래?'가 아닌 '나와 사귈래?'라는 뜻이다. go out 뒤에 전치사 with와 사귀는 대상을 말하면 된다.

I'm going out with Jay Park.   **We've been going out for 4 years.**
나 박재범이랑 사귀고 있어.   우리 사귄 지 4년 됐어.

'잘 어울린다'는 영어로?

커플이 잘 어울린다는 표현을 They match well.이라고 직역하는 경우가
많은데 이는 어색하다. 자연스러운 표현으로는 본문에서 사용된 look good
together이 있으며 well matched, a match made in heaven, so meant
to be together, well suited to each other 등이 있다.

 GRAMMAR **must**

'반드시 해야만 한다'란 뜻의 조동사이다. have to와 비슷하지만 훨씬 더 강력한
뉘앙스를 가지고 있다. 또는 '틀림없이 ~일 것이다'란 강한 추측의 뜻으로도
사용될 수 있다. 이때 should, may, might와 헷갈릴 수 있으니 이번 기회에
차이점을 정확하게 알아보자.

might ▶ may ▶ should ▶ must

Lora must be home now.
로라 틀림없이 집에 있어.
*난 100% 확신해!

Lora should be home now.
로라 집에 있을걸.
*확신은 못 하겠어. 80%

Lora may be home now.
로라 아마 집에 있을 거야.
*내 생각엔 그럴 것 같아. 60%

Lora might be home now.
로라 집에 있을 수도 있고 없을 수도 있어.
*그럴 수도 있어. 50%

GRAMMAR **for가 접속사로 쓰인다고?**

Yes! for를 전치사로만 알고 있어 '~를 위해서'라고 해석한다면 아래 문장은
해석이 불가능하다. for는 접속사로 because와 유사하게 쓰이는 경우도 있다.
because는 이유와 결과가 분명해 결과에 더 무게가 실리지만 for를 사용할 경우
앞뒤에 나오는 절이 대등한 무게를 가지게 된다.

**Jenny was crying, for she
broke up with her boyfriend.**
남자 친구와 헤어졌기 때문에 제니는
울고 있었다.

**She studied English, for she
wanted to travel all around
the world.**
세계 일주를 하고 싶어서 그녀는 영어를
공부했다.

Get it out of one's system

감정 디톡스를 하다

system은 '체계'라는 뜻으로 가장 많이 알고 있지만 '몸'을 의미하기도 한다.
따라서 부정적인 감정, 특히 분노를 몸 밖으로 배설하듯 밀어내 버린다는
뜻이다. 요가에서 호흡을 하며 날숨에 부정적인 생각과 감정을 내뱉는다고
하는 것과 동일하다. 또는 오랫동안 갈망하고 원했던 일을 함으로써 더 이상
연연하지 않는 것을 의미하기도 한다. 그 외에도 문자 그대로 체내에서 물질을
배출한다는 의미도 가지고 있다.

Jen   I'm still so angry and I don't know what to do!

Dave   Why don't we take a walk to **get it out of your system**?

Jen   **Would** that help?

Dave   Let's give it a shot. We have plenty of time! It can't hurt.

Jen   Thanks for listening to me vent.

젠   아직도 너무 화가 나. 뭘 어떻게 해야 할지 모르겠어!
데이브   화를 풀기 위해 함께 좀 걷는 건 어때?
젠   그게 도움이 될까?
데이브   시도해 보자. 우리에겐 시간이 많아! 손해 볼 것 없지.
젠   막 쏟아내는 거 들어줘서 고마워.

✕ · ✕ · ✕ · ✕ · ✕ · ✕ · ✕ · ✕ · ✕ · ✕ · ✕

GRAMMAR ⟶ **would는 순한 맛!**

would는 다양한 사용법이 있지만 본문에서 어떻게 사용되었는지 알아보자.
will이 단도직입적인 매운맛이라면 would는 순한 맛이다. 예를 들어 I will
do it.은 '나는 할 것이다'로 나의 강한 의지로 반드시 할 것이라는 뉘앙스를
가지고 있다면 I would do it.은 '나는 그러할 의도가 있다'에 더 가깝다.
나아가 would는 will보다 덜 직접적인 표현으로 더 공손하다. 아주 작은
차이라 의미가 완전히 달라지지는 않지만 뉘앙스에 차이가 있다.

It will help.
이게 도움이 될 거야.

It would help.
이게 도움이 될 것 같아.

Will you marry me?
나랑 결혼할래?

Would you marry me?
나랑 결혼해 줄래?

Will you help me?
나 도와줄 거야?

Would you help me?
나 좀 도와줄래요?

IDIOM ● **Give it a shot.**

'한번 해 봐'란 뜻으로 Give it a try.나 Give it go.와 같은 표현이다. 한 번도
시도해 보지 않은 무언가를 처음으로 용기 내어 도전할 때 사용한다.

I have never tried Gopchang
but I'll give it a shot.
나 곱창 한 번도 먹어 본 적 없는데 한번
먹어 볼게.

Ask her out. Just give it a
shot!
그녀에게 사귀자고 물어봐. 그냥 시도해
보는 거야!

IDIOM ● **It can't hurt.**

그것은 아플 수 없다고? 여기서 아픔은 '피해'로 해석된다. 무언가를 시도해도
큰 손실이 없을 것이다, 즉 '밑져야 본전이다', '뭔가를 해서 나쁠 것 없다', '뭐
어때?'란 뜻이다. It wouldn't hurt. 또는 It doesn't hurt. 등 다양하게 사용할
수 있다.

It wouldn't hurt to apologize first.
먼저 사과해서 나쁠 게 뭐가 있겠어.

EXPRESSION ● **vent**

내 안에 있는 부정적인 감정을 쏟아내는 것을 의미한다. '환풍구'를 영어로 vent
또는 ventilation이라고 하는데 환풍기처럼 감정을 정화한다고 생각하면 더
쉽게 이해할 수 있을 것이다. 스트레스 때문에 가슴이 답답하거나 머리끝까지
화가 났을 때 대부분 친구와 대화하며 쏟아내거나, 소리를 지르거나, 울거나
누군가에게 짜증과 화를 내는 것을 의미한다.

I shouldn't have vented
my anger on you.
너에게 내 분노를 쏟아내는 게
아니었어.

Learn how to vent your negative
emotions in a peaceful manner.
부정적인 감정을 평화롭게 표출하는
방법을 배워 봐.

Blowing out of proportion

지나치게 부풀리다

우리는 흔히 '오버한다'고 한다. 직역하여 do over라고 말하는 것을 자주 듣게 되는데 이는 콩글리시다! 올바른 표현으로는 **go overboard**, **overreact**, **extra** 등이 있는데 원어민들은 **blow (something) out of proportion**을 자주 사용한다. '균형에 맞지 않게 부풀린다', 즉 '지나치게 과장하거나 오버한다'는 의미가 된다. 나아가 '확대해서 해석한다'는 뜻으로도 사용된다.

David   I think Linette likes me.

Lora   Where is this coming from?

David   She gave me a chocolate for helping her with her homework.

Lora   That's it? You are blowing this out of proportion. You are totally misunderstanding her nice gesture. Wake up, David.

David   Ouch! A dagger to the heart!

데이비드   리네트가 나 좋아하는 것 같아.
로라   무슨 말이야?
데이비드   숙제를 도와줬다고 나한테 초콜릿을 줬어.
로라   그게 다야? 너 지금 오버하고 있는 거야. 그녀의 친절한 매너를 완전 오해하고 있는 거라고. 꿈 깨, 데이비드.
데이비드   아! 심장에 칼을 꽂다니!

× · × · × · × · × · × · × · × · × · × · × · ×

EXPRESSION ▸ **Where is this coming from?**

직역하면 '이건 어디서 오는 것이냐?'지만 '왜 그런 말을 하는 거야?', '왜 갑자기 그런 생각을 해?', '웬 뚱딴지같은 소리야?', '무슨 이유로 이렇게 행동하는 거야?' 등으로 해석할 수 있다. 예를 들어, 상대가 갑자기 화를 낸다면 왜, 무슨 이유로 이렇게 화를 내느냐고, 이 분노의 근원은 어디에서 오는 것이냐고 물을 수 있다.

I don't understand where
this is coming from!
왜 이러는지, 왜 이런 말을 하는지
난 이해할 수가 없어!

You need to know where
I'm coming from.
넌 내가 왜 이러는지 알아야 해.

• ## That's it. vs. I'm finished.

대부분 자기소개를 마치고 마지막에 끝났다는 의미로 finish를 사용하는 경우가
있다. I'm finished.는 '일을 끝내다, 마치다' 또는 '마무리를 지었다'는 뜻으로
이 상황에서는 조금 어색하다. 자연스러운 표현으로는 That's it.이 있는데 '이게
다예요', '여기서 마무리할게요'란 뜻이다. 카페나 레스토랑에서 주문한 후
마지막에 That's it.을 사용해 보자. 다 먹었으니 그릇을 치워 달라는 의미로는
I'm finished.를 사용할 수 있다. That's it!은 이외에도 '바로 그거야!' 또는
'그만해!'란 뜻으로 사용된다.

Can I have a latte and a hot
chocolate? That's it.
라떼랑 핫초코 주세요. 이것만 주세요.

That's it! I'm gonna say
something!
더 이상은 안 되겠어! 좀 뭐라 해야겠어!

EXPRESSION • ## nice gesture

gesture은 '몸짓, 손짓'을 의미하지만 '매너 있는 행동', '선행' 또는 '호의'를
nice gesture, sweet gesture, kind gesture라고 할 수 있다.

Saying 'Thank you' is always a kind gesture.
'고맙다'고 말하는 것은 언제나 매너 있는 행동이다.

EXPRESSION • ## A dagger to the heart!

심장에 단검이 뚫고 지나가다니! 이 표현은 감탄사와 같이 사용되는데 누가
심장에 칼을 꽂는 듯한 말을 하면 이렇게 말해 보자. 본문에서처럼 장난스럽게도
사용할 수 있다.

Stick a dagger in my heart!
내 가슴에 아주 못을 박아라!

It's not rocket science

하나도 어렵지 않아

로켓 과학이 뭔지는 잘 모르지만 왠지 복잡하고 어려울 것 같지 않은가? 따라서
It's not rocker science.는 매우 간단하고 이해하기 쉬운 것을 의미한다.
'1 더하기 1처럼 간단하다'는 것을 강조해서 말하고 싶을 때 이 표현을 사용해
보자! 유머러스한 표현이기도 하지만 부정적인 뉘앙스도 풍길 수 있으니
주의하자.

Glenn   Yum! This is really delish. How did you make this?

Kayla   You just cook onions, carrots and celery in butter and add vegetable broth, chicken and noodles. Simmer it for about 20 min.

Glenn   This is so sweet of you.

Kayla   It's not rocket science. It's super simple.

Glenn   Still it's too much of a hassle for you.

Kayla   No worries. Hope you get well soon!

글렌   음~ 이거 정말 맛있다! 어떻게 만들었어?
케일라   그냥 양파, 당근이랑 셀러리를 버터에 익힌 다음에 야채 국물, 닭, 국수를 넣어.
     20분 정도 동안 졸이면 돼.
글렌   이렇게까지 해 주다니 너무 고마워.
케일라   복잡한 거 없어. 진짜 간단해.
글렌   그래도 너무 번거롭잖아.
케일라   걱정 마. 빨리 낫길 바란다!

× · × · × · × · × · × · × · × · × · × · × 

SLANG → **delish**

delish는 delicious를 줄인 표현이다. 사실 원어민들은 delicious도 물론
쓰지만 다른 표현들을 훨씬 많이 쓴다.

savory 맛 좋은	awesome 엄청난	amazing 놀라운
great 엄청난	flavorful 풍미 있는	tasty 맛있는
good 좋은	mouthwatering 군침 도는	yummy 아주 맛있는

CULTURE ● **우리는 아플 때 '죽'! 미국인들은?**

미국인들은 아플 때, 특히 감기에 걸리거나 몸살을 앓을 때 '닭고기 수프'를
먹는다. 우리가 몸이 아플 때 죽을 먹는 것과 비슷하다. 전 세계적으로
아주 오랫동안 사랑받은《영혼을 위한 닭고기 수프(Chicken Soup for the
Soul)》라는 책이 있다. 아플 때 닭고기 수프를 먹는 미국 문화를 모른다면 책
제목을 이해하기 힘들 것이다. 영혼이 지치고 힘들 때 힐링할 수 있는 책이다.

EXPRESSION ● **'요리' 관련 표현들은 뭐가 있을까?**

simmer은 '오래 끓여 졸인다'는 뜻이다. 이외에 요리와 관련된 기본적인
표현들을 살펴보자.

grill 불에 굽다	roast 오븐에 굽다	chop 토막으로 썰다	slice 얇게 썰다
fry 튀기다, 볶다	marinate 양념장에 재우다	boil 끓이다	steam 증기에 찌다
stir 젓다, 섞다	blend 재료를 섞다	grind 갈다	salt down 소금에 절이다

CULTURE ● **미국에서 병문안 갈 때 가져가는 것은?**

한국에서는 병문안을 갈 때 대부분 주스나 과일 바구니를 선물하지만,
미국에서는 'Get well soon!'이라고 쓰여 있는 풍선, 곰돌이 인형 또는
꽃다발을 선물한다. Get well soon!이라고 적혀 있는 카드도 본 적이 있을
것이다. 미국에서는 마트에 가면 이 종합 세트를 어디에서든 쉽게 볼 수
있다. Get well soon.은 '빨리 쾌차하라'는 뜻이며 주어를 생략하고 Hope
you get well soon.이라고 하기도 한다. 지금 바로 'Get well soon Teddy
bear', 'Get well soon card' 등의 검색어로 이미지를 찾아보자!

I feel under the weather

몸살 기운이 좀 있어

"나 몸살 났어."라는 말을 I have a bodyache.(x)라고 표현하는 경우를 종종 보게 되는데 이는 매우 어색하다. **My body aches all over.(온몸이 쑤셔.), I have the chills.(오한이 왔어.), I have a fever.(열이 나.), I feel shaky.(몸이 덜덜 떨려.)** 등으로 아픈 증상을 표현할 수 있다. 심각하게 아픈 건 아니지만 몸 상태가 조금 좋지 않거나 몸살 기운이 살짝 있을 때 사용할 수 있다. 가끔은 기운이 없고 기분이 좋지 않을 때 사용해도 무관하다.

Anthony   You don't seem quite well. Are you feeling OK?

Lora   I feel under the weather a bit. I have a mild headache.

Anthony   You might have caught a cold.

Lora   I shouldn't have swum last night, huh? It was really chilly.

앤서니   몸이 꽤 안 좋아 보이는데? 괜찮아?
로라   몸살 기운이 조금 있는 것 같아. 머리가 조금 아파.
앤서니   감기에 걸렸을 수도 있어.
로라   어젯밤에 수영을 하는 게 아니었어, 그치? 정말 쌀쌀했어.

× · × · × · × · × · × · × · × · × · × · ×

MOST MISTAKEN · **'몸 컨디션이 좋지 않아.'는 영어로?**

몸 상태가 좋지 않을 때 My body condition is not good.이라고 직역하는 경우가 많은데 매우 어색한 표현이다. well은 형용사로 사용될 경우 '건강한', '건강이 좋은'을 의미한다. 따라서 올바른 표현은 I don't feel well. 또는 I'm unwell.이다. I feel good.은 몸 상태가 좋다는 뜻으로도 해석될 수 있지만 대부분 '나는 기분이 좋다.'란 의미로 사용된다. 제임스 브라운의 <I Feel Good>이라는 노래도 있지 않은가?

I'm feeling extremely unwell.   **She is mentally unwell.**
몸 상태가 너무 안 좋아요.   그녀는 정신적으로 조금 좋지 않아.

might have + p.p.

과거에 '~했을 수도 있다', '~했을지도 모른다'란 뜻으로 확실하지는 않지만 가능성이 있을 때 사용한다. 근래에는 may have와 might have가 거의 동일하게 사용된다. 두 표현의 차이는 언어학자들 사이에서도 의견이 갈릴 정도이다. 그런데 if 절과 함께 가정법으로 사용될 때는 사실에 반대되는 경우로 '~했을 수 있었지만, 결국 그러지 못했다'는 것을 의미하며 might have를 사용하는 것이 옳다.

I might have left my wallet at home.
집에 지갑을 놓고 왔을 수도 있어.

If I could speak English, I might have tried going to school abroad.
내가 영어를 했다면, 유학을 가 보려 시도해 봤을 거야.

GRAMMAR · A cold?

미국 영어에서는 cold(감기), headache(두통), stomachache(복통), runny nose(콧물), fever(열), sore throat(인후염) 등 심각하지 않은 질병은 반복될 수 있기에 셀 수 있는 '가산 명사'로 분리하고 앞에 부정관사 a를 붙인다.

I have a runny nose and a slight fever.
콧물이 나고 살짝 열이 나요.

하지만 chronic disease(만성 질환)로 분리되는 병이나 심각한 질병, 예를 들어, '암'은 셀 수 없는 '불가산 명사'로 취급한다.

Steve Jobs suffered from pancreatic cancer.
스티브 잡스는 췌장암을 앓았다.

EXPRESSION · chilly

여기서 chilly는 매운 소스의 종류인 chili sauce(칠리소스)가 아니다! 형용사 cold처럼 날씨나 장소가 쌀쌀하거나 춥다는 뜻이며 감정적인 측면에서도 사용되어 주어가 사람일 경우 친절하지 않고 차갑다는 의미로도 사용할 수 있다.

His response was rather chilly.
그의 반응은 상당히 냉랭했다.

One for the road!

막잔 하자!

길을(road) 나서기 전에, 즉 떠나기 전에 한 잔(one) 하자는 의미로 '막잔 하자!'를 뜻한다. 집에 가야 하지만 마지막으로 한 잔만 더 마시자고 설득할 때 **"Let's just have one more for the road."**라고 할 수 있다. one을 drink, bottle, can 또는 shot으로 바꿔 말할 수도 있고 술이 아닌 다른 음료나 음식으로 응용할 수도 있다. **I need some food for the road!(떠나려면 먹을 게 좀 필요해!), I'm just gonna have one more can of beer for the road!(집에 가기 전에 맥주 한 캔만 더 마실 거야!)**

Never and ever drink and drive! 음주운전은 절대로 하지 않기!

Ken	Dang! I gotta go. Let's have **one for the road!**
Jolie	What do you mean? The night is still young.
Ken	It's like walking on eggshells right now. My wife's gonna kill me.
Jolie	You suck!
Ken	I got so shit-faced last week, remember?
Jolie	Zip your lips! Bottoms up!

켄   헐! 나 가야 해. 막잔 하자.
졸리 무슨 소리야. 아직 초저녁이야.
켄   지금 살얼음판 걷는 것 같아. 부인한테 죽어.
졸리 너 별로야!
켄   나 지난주에 완전 꽐라됐잖아. 기억나?
졸리 그 입 좀 다물어! 원샷!

× · × · × · × · × · × · × · × · × · × · ×  **LET'S LEARN!**

IDIOM • **The night is young.**

직역하면 '밤이 젊다'이다. 아직 밤이 무르익지 않은 이른 저녁, 즉 '초저녁이다'라는 뜻이다.

The night is still young. Let's go for another bottle of wine!
아직 초저녁이야. 와인 한 병 더 하자!

walking on eggshells

eggshell은 '달걀 껍질'로 walking on eggsshell(달걀 껍질 위를 걷기)은 '살얼음판을 걷는 것 같다'라는 의미이다. 누군가의 기분을 상하게 하거나 화나게 하지 않기 위해 굉장히 조심하며 눈치를 본다는 의미. 유사한 표현으로 skating[walking] on thin ice가 있다.

I've been walking on eggshells around Jenny since she recently got fired.
최근 제니가 해고를 당해서 난 눈치 보며 조심하고 있어.

'만취되다, 꽐라되다'는 영어로?

술에 엄청 취했다는 걸 아직도 very drunk로 밖에 표현하지 못하는가? shit-faced는 슬랭으로 비속어에 가깝다. 아주 친하지 않다면 쓰지 않는 것을 추천하지만, 영화나 미드에 자주 등장하는 표현이다. 술을 너무 많이 마셔 '맛이 갔다'로 해석할 수 있다.

plastered
완전히 취한

wasted
술에 찌든, 꽐라된

trashed
(쓰레기통에 버려질 만큼) 꽐라된

black out
필름이 끊기다

Zip your lips!

zip은 명사로 '지퍼'이며 동사로는 '지퍼를 채우다'가 된다. 이 표현은 비유적으로 '입을 다물어라', '그만 말해라', '닥쳐라' 등의 의미를 가지고 있다. 간략하게 Zip it! 또는 Zip!이라고 해도 괜찮다.

I told John to zip it since he won't stop talking about nonsense.
존이 말도 안 되는 이야기를 계속해서 그 입 좀 다물라고 했어.

one shot은 콩글리시다!

술자리에서 흔히 "원샷!"을 외치곤 한다. 하지만 이는 콩글리시다. 혹시 One shot, one kill.이라는 표현을 들어 본 적 있는가? one shot은 '한 방'이다. '한 방에 쏘아 맞힌다'로 두 번 시도할 필요 없이 '단번에 성공한다'는 뜻이다. 올바른 표현은 Bottoms up!이다. 컵의 바닥을 머리 위로 향하게 한다는 뜻으로 '한 번에 마신다'는 의미이다.

Don't bite off more than you can chew

욕심부리지 마라

'씹을 수 있는 이상으로 베어 먹지 말아라', 즉 '무리하거나 욕심부리지 말라'는 뜻이다. 상대가 너무 높은 목표를 삼거나 지킬 수 없는 약속을 하려고 할 때 또는 능력 밖의 일을 추진할 때 사용할 수 있다. 뭐든지 내가 할 수 있는 만큼만 꾸준히 오래 하는 것이 이기는 방법이다!

Betty   I have made up my mind!

Dan   Elaborate.

Betty   I signed up for a gym and an English class. I'm also going to learn how to play the piano.

Dan   That sounds great but don't bite off more than you can chew. Take it slow, otherwise you fizzle out after a few days.

베티   결심했어!
댄   자세히 말해 봐.
베티   피트니스랑 영어 수업 등록했어. 피아노도 배울 거야.
댄   너무 좋긴 한데 무리하지는 마. 천천히 가지 않으면 며칠 지나서 흐지부지해져.

× · × · × · × · × · × · × · × · × · × · × · ×   **LET'S LEARN!**

IDIOM   **make up one's mind**

명사 make-up은 '화장'을 의미하지만 구동사 make up은 문맥과 상황에 따라 의미가 천차만별이다. 대표적으로 '화해하다', '지어내다', '결정하다', '만회하다' 등의 의미가 있다. make up one's mind는 '마음의 결정을 내리다', '결심하다'라는 뜻이다.

I made up with Anna.
나 애나랑 화해했어.

She made that up!
그녀가 그거 지어낸 거야!

I'll make it up to you.
I'm sorry.
내가 만회할게. 미안해.

I need to take the
make-up class.
나 보충 수업해야 해.

EXPRESSION **elaborate**

형용사로는 '정교한'이며 동사로는 본문에서처럼 '더 자세하게 설명하라'는
뜻으로 자주 사용된다.

Could you elaborate on what you've just said?
방금 말씀하신 거 더 자세히 말씀해 주시겠어요?

EXPRESSION **Sounds great!**

좋게 들린다? NO! '좋은 생각이야!', '좋아!', '잘됐다!', '괜찮은데!' 등을
의미한다. 이러한 리액션은 회화의 꽃이다. 상대가 좋은 소식을 전했거나,
자신의 의견이 어떤지 물었을 때 사용할 수 있다. sounds 뒤에 다양한
형용사를 사용해 응용해 보자.

A   I want Samgyeopsal for dinner. 저녁에 삼겹살 먹고 싶다.
B   Sounds fantastic! 완전 좋아!

IDIOM **fizzle out**

희망과 기대에 가득 차 시작했던 것이 서서히 흐지부지되는 것을 의미한다.
시간이 지나면서 약해지거나 실패하고 끝이 나는 것을 또는 김이 빠진 탄산
음료를 묘사할 때 사용되기도 한다.

Our plans have fizzled out.   My feelings for Diana have
우리의 계획은 흐지부지 끝이 났다.   fizzled out.
                                     다이애나를 향한 내 감정이 식었어.

Don't count your chickens before they hatch

김칫국부터 마시지 마라

'병아리가 부화하기도 전에 세지 말라'는 것은 확실한 결과가 나오기도 전에 잘될 거라 지레짐작하여 유난 떨지 말라는 것이다. 조금 부정적인 뉘앙스를 가지고 있는 표현이라는 것도 기억하자.

Ethan   How was the job interview?

Elly   I think I got it. I should go shopping tomorrow for new clothes.

Ethan   Whoa whoa. Hold your horses. **Don't count your chickens before they hatch**!

Elly   I really think I made it!

Ethan   We'll see about that.

이선   면접 어땠어?

엘리   잘된 것 같아. 내일 새 옷 사러 가야겠어.

이선   워워. 흥분하지 말고 진정해. 김칫국부터 마시지 마!

엘리   진짜로 된 것 같다니까!

이선   지켜보자고.

× · × · × · × · × · × · × · × · × · × · × ·  LET'S LEARN!

EXPRESSION ● **I got it.**

I got it.은 원어민이 입에 달고 사는 표현으로 문맥과 상황에 따라 여러 가지 다양한 뜻으로 사용된다. got you를 줄여서 gotcha(이해했어요/ 알겠습니다)라고도 한다.

I got it!

이해했어! / 구입했어! / 내가 (전화) 받을게! / 내가 (공) 잡을 게! / 알겠습니다! / 내가 할게!

I got this.

나 이거 할 수 있어.

whoa whoa

whoa는 '와, 우와!'와 같이 감탄하거나 놀라움을 의미하는 감탄사이다.
하지만 본문에서처럼 두 번 연달아 사용될 경우 누군가를 진정시킬 때 쓰기도
한다. 이 표현은 본래 말을 세울 때 쓰는 표현으로 달리던 말을 진정시킬 때
사용하기도 한다.

Hold your horses.

명령문으로 결정을 내리기 전에 흥분하지 말고 잠시 멈춰 서서 신중하게 생각해
보자는 의미이다. '기다려 봐라', '생각을 좀 더 해 봐라' 등의 뜻을 가지고 있다.

Just hold your horses! This could be a life changing decision.
흥분하지 말고 생각을 좀 더 해 봐! 이건 인생을 바꿀 수도 있는 결정이야.

I made it.

혹시 '내가 만들었다'로 해석했는가? make는 '만들다'는 동사이지만
'성공하다', '이루다', '성취하다'라는 뜻도 있다. 따라서 make it은
'성취하다', '해내다', '시간에 맞춰 가다' 등의 의미로 다양하게 사용된다.

BTS really made it as a singer.
'방탄소년단'은 가수로 진정한 성공을
이루었다.

Do you think you can make it
to my party?
내 파티에 참석할 수 있겠어?

We'll see.

직역하면 '우리는 보게 될 것이다'이지만 '곧 알게 될 것이다', '지켜보자', '두고
보자' 등의 뜻으로 쓰인다.

We'll see what happens.
어떻게 될지 두고 보자.

When it rains it pours

엎친 데 덮친 격이다(설상가상)

나쁜 일은 연달아 일어난다. 우리도 비가 엄청나게 많이 올 경우 비가 '쏟아진다'고 하는데 비가 쏟아지고 있어'를 영어로는 **It's pouring.**이라고 한다. 따라서 이 표현은 '비가 오지 않다가 한번 오기 시작하면 퍼붓는다'는 뜻으로 하나가 잘못되기 시작하면 모든 게 따라서 잘못된다는 의미이다. 인생을 살다 보면 불행이 겹겹이 찾아올 때가 있지만 모든 것은 지나가기 마련이다. This too shall pass!(이 또한 지나가리!)

Simon　It's been a long day today.

Alex　What happened? You look exhausted.

Simon　I got into a minor fender bender this morning. Obviously I was late for work. Last but not least, I tripped and sprained my ankle on my way home.

Alex　Holy moly Guacamole! When it rains it really pours.

사이먼　오늘 정말 긴 하루였어.
알렉스　무슨 일 있었어? 진이 빠져 보이는데.
사이먼　오늘 아침에 작은 접촉 사고가 났어. 당연히 회사에 늦었지. 마지막 하이라이트로 집에 가는 길에 발을 헛디뎌서 발목을 삐었어.
알렉스　헐, 대박 미쳤다! 엎친 데 겹친 격이네.

× · × · × · × · × · × · × · × · × · × · × · ×　 LET'S LEARN!

EXPRESSION ▶ **a long day**

힘들고 지친 하루의 끝에서 우리는 정말 '긴 하루였다'고 말하곤 한다. 너무 힘이 들면 하루가 길게 느껴지기 마련이다.

It's been a long day without you, my friend.
친구야, 네가 없어 긴 하루였어.
–'폴 워커' 추모곡 <See you again> 중

It's gonna be a long day tomorrow.
내일은 힘든 하루가 될 거야.

fender bender

'가벼운 자동차 접촉 사고'를 의미하며 부주의하여 작은 사고를 자주 일으키는 운전자를 뜻하기도 한다.

Sarah is involved in a 3 car fender bender. She said it's very minor though!
세라가 3중 추돌 사고가 났대. 하지만 정말 가벼운 사고래!

last but not least

순서로는 마지막이지만 앞서 말한 내용이나 호명된 사람들과 동일하게 중요하다는 뜻으로 '마지막으로 중요한 것은'으로 해석할 수 있다. 시상식에서 빠지지 않고 등장하는 표현이다. 본문에서는 '마지막 하이라이트'라고 번역했지만 '마지막 한 방'이라고도 말할 수 있다.

Last but not least, I would like to thank my parents for their sacrifice and love.
마지막으로 중요한 제 부모님의 희생과 사랑에 감사드립니다.

Holy moly Guacamole!

Holy moly!는 믿을 수 없는 놀라움을 표현할 때 사용할 수 있는 Oh my God!과 비슷한 감탄사이다. 이 표현은 Holy cow, Holy shit, Holy crab 등으로 다양하게 사용되며 '어머나 세상에', '헐, 대박', '쩐다', '미쳤다' 등으로 해석할 수 있다. Holy guacamole!는 영화 <배트맨>에서 Holy moly!를 재미있게 바꿔 말해 유행하게 된 표현이다. 더 나아가 Holy moly Guacamole Ravioli!라고 말하기도 한다.

Holy moly! Are you serious?
뭐? 진짜야?

Holy moly Guacamole! Congrats!
세상에! 축하해!

Holy cow! That's gigantic!
헐, 대박! 진짜 크다!

Holy shit! What the hell is that!?
으악! 저게 도대체 뭐야!?

1.

주어진 어휘를 이용해서 문장을 만들어 보세요.

1   그들은 잘 어울려. (look)

_____

2   칠전팔기 (stand up)

_____

3   그의 반응은 냉랭했다. (response)

_____

4   욕심부리지 마. (bite off)

_____

5   하나도 어렵지 않아. (rocket)

_____

6   제 눈의 안경이다. (in the eye of)

_____

7   김칫국부터 마시지 마. (before they hatch)

_____

8   무슨 뚱딴지같은 소리야? (Where)

_____

9   막잔 하자! (road)

_____

10   속에 있는 걸 쏟아내 봐. (out of)

_____

정답 1   1) They look good together. 2) Fall down seven times, stand up eight. 3) His response was chilly. 4) Don't bite off more than you can chew. 5) It's not rocket science. 6) Beauty lies in the eye of the beholder. 7) Don't count your chickens before they hatch. 8) Where is this coming from? 9) One for the road! 10) Get it out of your system.

2.

같은 의미가 되도록 빈칸을 채워 보세요.

1   빨리 쾌차하세요!

Get _____!

2   나 몸살 기운이 좀 있어.

I feel _____ a bit.

3   원하는 걸 얻기 위해선 희생이 수반된다.

You've got to _____.

4   난 결정했어.

I made _____.

5   엎친 데 덮친 격이다.

When it _____.

6   오늘 정말 긴 하루였어.

It's _____;

7   내가 해냈어.

I _____.

8   원샷!

_____ up!

9   손해 볼 거 없지.

It _____.

10   넌 지금 확대 해석하고 있어.

You are blowing it _____.

Day

31~40

In the wrong place at the wrong time

재수가 없다

'부적절한 자리에, 부적절한 시간에 있다', 즉 '나는 의도하지 않았는데 어쩌다 보니 문제가 생긴 곳에 하필이면 바로 그때 그 자리에 있었다'는 뜻이다. 즉 잘못이 없는데도 불구하고 나쁜 일에 휘말리게 되거나 사고를 당했을 때 사용한다. 반대로는 In the right place at the right time.으로 '적절한 장소에, 적절한 타이밍에 운 좋게 그곳에 있었다'는 뜻이다.

"The wrong guy, the wrong night, at the wrong time."

–조 바이든 2020 대선 토론 중

Nancy I can't believe my phone got stolen! I hate it here now. I wanna go home!

Luis Take a chill pill. You were just in the wrong place at the wrong time. Snap out of it. Come on! We are in Paris!

Nancy Sorry. I wasn't myself for a moment.

Luis It's OK. Let's keep your important belonging somewhere safe now.

낸시 내 핸드폰을 훔쳐 가다니 믿기지가 않아! 지금 여기 너무 싫어. 집에 가고 싶어!
루이스 진정해. 그냥 운이 없었던 거야. 이제 그만 생각해. 야! 우리 파리에 있잖아!
낸시 미안. 잠시 나 자신이 아니었어.
루이스 괜찮아. 이제 중요한 물건은 안전한 곳에 보관하자.

MOST CONFUSED — home vs. house

home은 사람이 사는 집이기도 하지만 추상적으로 내가 속해 있거나 안전하고 편안함을 느끼는 장소를 일컫기도 한다. 반면에 house는 빌딩이나 건축물을 의미한다. 따라서 '친구'를 슬랭으로 homie라고 하며, '향수병'을 homesick, '즐거운 나의 집'을 sweet home이라고 한다. 또한 '고향'을 home town이라고 한다. home은 명사뿐만 아니라 부사로 '집에, 집으로'라는 뜻으로 쓰이는데 부사로 사용될 경우에는 전치사 to가 붙지 않는다.

I want to go to home. (x) ► I want to go home. (o)

I'm at home. (명사 home)
나 집이야.

I'm home! (부사 home)
나 집에 왔어!

I bought a big house in New port.
나는 뉴포트에 큰 집을 구입했다.

IDIOM — Take a chill pill.

Take a chill pill.(진정시키는 알약을 먹어라.)은 Calm down.과 같은 표현이다. chill은 '릴렉스하다, 빈둥거리다, 놀다, 쿨하다' 등을 의미한다. 유사한 표현으로 Chill out!과 Just chill! 등이 있다.

Just chill out! Stop stressing over little things!
마음을 편하게 가져! 작은 것에 스트레스받지 마!

I'm just chilling at home.
그냥 집에서 쉬고 있어.

IDIOM — Snap out of it.

'거기서 빠져나오라'는 뜻으로 우울함이나 분노, 부정적인 생각이나 고민에 빠져 있을 때 혹은 정신 못 차리고 쓸데없는 행동을 하는 친구에게 해 줄 수 있는 조언이다. '기운 내', '부정적인 생각에서 빠져나와', '정신 차려' 등을 의미한다.

I couldn't snap out of depression.
나는 우울함에서 빠져나올 수 없었어.

Please snap out of it! Stop thinking about it!
제발 거기서 빠져나와! 그만 생각해!

Through thick and thin

좋을 때도 힘들 때도 함께하다

'그 어떤 상황 속에서도 응원을 아끼지 않으며 함께한다'는 뜻이다. 결혼
서약에 등장하는 표현 중 'For better or worse'가 있는데 좋든지 나쁘든지,
좋을 때도 나쁠 때도(through good times and bad times) 부부가
함께한다는 뜻으로 through thick and thin과 유사한 표현이다.

Siena	What happened to you and Morgan?
Kyle	I figured that he was a fair weather friend. I believe friends stick together through thick and thin.
Siena	Oh... sorry for bringing that up. I didn't know you guys are on bad terms.
Kyle	It's cool.

시에나　너랑 모건한테 무슨 일 있었어?
카일　　그 자식은 좋을 때만 친구였다는 걸 깨달았어. 난 친구는 상황이 좋을 때도 나쁠
　　　　때도 함께하는 거라 믿어.
시에나　아이고… 말 꺼내서 미안해. 너희들 사이가 안 좋은지 몰랐어.
카일　　괜찮아.

× · × · × · × · × · × · × · × · × · × · ×  LET'S LEARN!

IDIOM ●─► **a fair weather friend**

'날씨가 좋을 때만 친구'라는 뜻으로 상황이 괜찮을 때는 좋은 친구가 될
수 있지만 어려움이 찾아오거나 힘들 때는 기댈 수 없고 신뢰성이 떨어지는
친구를 의미한다.

Don't waste your time on a fair weather friend.
좋을 때만 친구인 사람에게 시간 낭비하지 마.

84

bring (something/someone) up

'이야기를 꺼내다', '아이를 기르다', '무언가를 가지고 올라오다' 등 다양한 뜻으로 쓰인다. 본문에서는 좋지 않은 이야기를 눈치 없이 꺼내서 미안하다는 뜻으로 사용되고 있다.

Don't bring that up! I don't want to hear it.
그 이야기는 꺼내지 마! 듣고 싶지 않아.

He was brought up by his grandparents.
그는 할머니, 할아버지의 손에 길러졌다.

Could you bring it up from the lobby?
로비에서 그것 좀 가지고 올라와 줄래?

IDIOM

on bad terms

누군가와 의가 상했거나 서로 앙금을 가지고 말하지 않고 지내는 상태를 의미한다. 반대로 좋은 상태로 지내는 것을 on good terms라고 한다.

We ended on bad terms. 우리는 사이가 좋지 않게 끝이 났다.	**I'm not really on good terms with him.** 나는 그와 사이가 좀 껄끄러운 상태야.

SPOKEN ENG

It's cool.

"괜찮아."를 영어로 말해야 한다면 90%로는 It's OK.를 생각할 것이다. 구어체에서는 It's cool.을 '멋지다, 훌륭하다'라는 뜻 외에도 본문에서처럼 '괜찮아', '좋아'의 의미로 사용하기도 한다. 또한 We are cool.이라고 한다면 '우리는 훌륭하다'는 뜻 외에도 '우리는 잘 지낸다', '사이가 나쁘지 않다'라는 뜻으로도 해석될 수 있다.

You accepted my apology, right? Are we cool now? 내 사과 받아 준 거지? 이제 우리 괜찮은 거야?	**Pizza? I'm cool with it.** 피자? 그래, 난 좋아.

It runs in the blood

집안 내력이다

It runs in the family.로도 사용 가능한 이 표현은 성격이나 재능, 외모 등 긍정적인 또는 부정적인 모든 걸 포함해 가족 구성원이 공통적으로 가지고 있는 특성을 의미한다. 따라서 '집안 내력이다' 또는 '피는 못 속인다'는 뜻으로도 해석이 가능하다.

Betty   John is a tall drink of water.

Leo   His sister is also really tall like a model. I guess it runs in the blood.

Betty   Jenny is such a sweet girl. She is so down to earth.

Leo   I think kindness and sweetness also run in the family.

Betty   Not to mention their looks!

베티   존은 키가 큰 훈남이야.
리오   존의 여동생도 모델처럼 키가 커. 집안 내력인가 봐.
베티   제니 정말 착해. 진짜 진국이야.
리오   친절함과 다정함도 집안 내력인 것 같아.
베티   그들의 외모는 말할 것도 없지!

× · × · × · × · × · × · × · × · × · × · ×  LET'S LEARN!

IDIOM ▸ **tall drink of water**

'키가 크고 외모가 출중한 아주 매력적인 사람'을 의미한다. 아주 무더운 날 목마른 상태에서 바라보는 시원한 물 한 잔은 정말 매력적일 것이다. 따라서 cool drink of water이라고 할 수도 있다.

Who is that tall drink of water?
저 키 큰 훈남은 누구야?

sweet

sweet의 뜻을 혹시 '달콤한'으로만 알고 있는가? 구어체에서 sweet는
다양한 뉘앙스와 뜻으로 사용된다.

1 **I'm craving something sweet.** *달다
   뭔가 단 게 당긴다.

2 **I always fall for sweet guys.** *다정하다
   나는 항상 자상한 남자에게 빠진다.

3 **Aww! How sweet!** *고마워!, Thank you! 대신 사용
   어~ 정말 고마워!

4 **A: We won the game!**
   우리가 이겼어!
   B: Sweet! *앗싸! 오예~ 좋다!
   오예! / 앗싸!

down to earth

'현실적이고 실용적이며 소박하고 허세 부리지 않는 사람'을 일컫는 표현이다.
아무리 가진 게 많고 잘나가도 겸손함을 유지하는 진국인 사람을 말한다.

Warren Buffett is so down to earth compare to what he has.
워런 버핏은 가진 것에 비해 굉장히 소박하다.

not to mention

'~는 말할 것도 없이, 물론이다'란 뜻이다. 뒤에 명사, 형용사, 동명사가 올 수
있다.

Not to mention her beauty! | **Not to mention expensive!**
그녀의 아름다움은 말할 것도 없지! | 비싼 건 물론이고!

Day
34

He is a bad apple!

그는 암 덩어리 같은 존재야!

'부정직하고 악영향을 주는 사람'을 a bad apple(나쁜 사과) 또는 rotten apple(썩은 사과)이라고 한다. 이 표현은 "A bad apple spoils the bunch."(썩은 사과 하나가 주변에 있는 사과를 상하게 한다.)라는 미국 속담에서 유래되어 사용되기 시작했다. 좋지 않은 행실의 한 명 때문에 그렇지 않은 주변 사람들까지 똑같은 오해를 받거나 물드는 것을 의미한다.

Megan   Andrew is a total rat. I freaking hate him.

Lewis   There is no doubt that he is a bad apple.

Megan   Kyle used to be the sweetest guy but not anymore after hanging out with Andrew.

Lewis   Duh! A bad apple spoils the bunch.

Megan   So, you always have to surround yourself with good people.

메건   앤드루는 완전 사기꾼이야. 진짜 싫어.
루이스   그가 좋지 않은 사람이란 건 의심의 여지가 없는 듯해.
메건   카일은 최고로 착한 사람이었는데 더 이상은 아니야. 앤드루와 어울린 후부터.
루이스   그걸 이제 알았어? 미꾸라지 한 마리가 물을 흐리는 법이지.
메건   그래서 항상 주변에 좋은 사람들을 둬야 해.

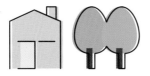

EXPRESSION • **rat**

미국에서는 '부정직하고 거짓말을 자주 하는 신뢰할 수 없는 사람'을
rat(쥐)라고 한다. 사기꾼이나 배신한 사람을 묘사하는 표현이기도 하다.
smell a rat이라는 이디엄은 '뭔가 낌새가 이상하다', '배신자가 있는 것
같다' 등의 의미이다.

I smell a rat. John wouldn't ask me for money.
뭔가 낌새가 이상해. 존이 나에게 돈을 요구할 리 없어.

SLANG • **freaking**

freaking은 '매우, 몹시, 굉장히'란 뜻의 비속어다. freaking은 fucking의
순화된 표현이므로 남녀노소 상관없이 많이 쓰는 표현이다.

It's freaking cold! 진짜 춥다!

I'm freaking busy these days. 나 요즘 너무 바빠.

Freaking be quite! 제발 조용히 좀 해!

MOST MISTAKEN • **hang out**

한국인이 가장 많이 하는 영어 실수 중 하나가 "친구와 놀았다."를 I played
with my friend.(X)라고 하는 것이다. play는 아이들이 소꿉장난을 하고 노는
것을 의미한다. 따라서 '놀이터'를 playground라고 한다. 올바른 표현은 hang
out임을 기억하자!

I hung out with my friend in Hollywood last night.
나는 어젯밤 친구와 할리우드에서 놀았다.

Where do you usually hang out at?
넌 보통 어디에서 놀아?

EXCLAMATION • **Duh!**

너무 당연한 것을 상대가 모를 때 '넌 그것도 모르니? 당연한 거 아니야?'란
의미로 사용할 수 있는 감탄사이다. '너 바보야?'라는 느낌으로 상대를 무시하는
뉘앙스도 담고 있다.

Duh! You didn't know that?
당연한 거 아니야? 그걸 몰랐어?

Duh! I'm not stupid!
뭐래, 내가 바보냐?

Don't beat yourself up

자책하지 마

beat up은 '두들겨 패다, 마구 때리다'라는 뜻이다. 따라서 너 자신을 마구 때리지 마, 즉 '자책하지 말라'는 뜻이다. 실패하거나 실수한 것에 대해 자신을 비난하거나 탓하는 것을 의미한다. 유사한 표현으로는 self-bullying, self-criticizing 또는 Don't be so hard on yourself.가 있다.

Son   Mom, I'm sorry for breaking the promise.

Mom   Apology accepted, but you really need to live up to your words.

Son   You have my word this time. I had nightmares after the fight we had.

Mom   Don't beat yourself up. I'm not gonna lay a guilt trip on you.

아들   엄마, 약속 어겨서 죄송해요.
엄마   사과는 받아들이지. 하지만 네가 한 말은 꼭 지켜야 해.
아들   이번에는 제 말을 믿으셔도 돼요. 엄마랑 싸우고 나서 악몽을 꿨어요.
엄마   자책하지 마. 엄마는 네가 죄책감 느끼게 하지 않을 거야.

× · × · × · × · × · × · × · × · × · × · × · ×    LET'S LEARN!

 promise

한국인들이 가장 많이 실수하는 표현 중 하나가 친구와 약속이 있을 때 I have a promise.(X)라고 하는 것이다. 올바른 표현은 I have a plan with a friend.이다. promise는 손가락을 걸고 진지하게 하는 약속을 뜻하며 '성공할 가능성'이란 의미도 있다.

Sorry. I can't promise you.
미안. 내가 장담해 줄 수는 없어.

She is a very smart girl with a promising future.
그녀는 밝은 미래가 기대되는 굉장히 똑똑한 여자아이이다.

• **live up to your words**

live up to (something)은 '~에 부끄럽지 않게, 걸맞게 살다' 또는 '기대 등에 부응하다'란 뜻이다. 따라서 Live up to your words.는 '네가 한 말에 걸맞게 살아라', 즉 '네가 한 말은 지켜라'라는 의미이다.

The movie lived up to everyone's expectation.
영화는 모두의 기대에 부응했다.

The president lived up to his promise.
대통령은 그가 한 약속을 지켰다.

He surely lives up to his reputation.
그는 자신의 명성에 부끄럽지 않게 살아간다.

IDIOM • **You have my word.**

I promise you.와 동일한 표현으로 '약속한다'는 뜻이다. 조금 더 무거운 뉘앙스로 '내가 장담할게', '내가 한 말은 반드시 지킨다'라고 번역하지만 원어민 입장에서는 사실 두 표현이 크게 다르지 않다.

Do you give your word on it?
그거 약속할 수 있어?

I'll give you my word.
약속할게.

IDIOM • **guilt trip**

guilt(죄책감) trip(여행), 즉 '죄책감을 느끼는 것'이다. 이 표현은 상대에게 괜히 미안함을 느끼게 하고, 죄책감을 주는 것을 뜻하기도 한다. 동사로도 사용됨을 기억하자!

He lays a guilt trip on me about everything. (명사)
그는 내가 모든 것에 대해 미안하게 만들어.

Stop guilt tripping me! (동사)
너 이상 나한테 죄책감 들게 하지 마!

A picture is worth a thousand words

백문이 불여일견

이 표현은 '백문이 불여일견', 즉 '백 번 듣는 것이 한 번 보는 것보다 못하다'는 우리나라 속담과 비슷하다. 요즘 흔히 담뱃갑에서 흡연 경고 그림을 볼 수 있는데 이러한 혐오스러운 이미지가 담뱃값을 올린 것보다, 말로 하는 정보 전달보다 효과적이라는 발표가 있다. 이처럼 시각화와 직접 보는 것은 우리에게 직관적으로 확실하게 인식됨으로 이해가 쉽고 오래 기억된다. 이를 영어로 A picture is worth a thousand words. 또는 A picture paints a thousand words.라고 한다.

Hector Where do you recommend to travel in Korea?

Lora If you are looking for a historical place, I recommend Gyeongju. It is just beyond words.

Hector I heard it's like an open air museum.

Lora A picture paints a thousand words. Just go! You won't regret it.

Hector Thanks, Lora.

Lora No biggie!

헥터 한국에서 어디를 여행하는 걸 추천해?
로라 역사적인 곳을 찾는다면 난 경주를 추천해. 이루 말로 다 표현할 수 없어.
헥터 어디를 가도 박물관 같다고 들었어.
로라 백문이 불여일견이야. 그냥 가! 후회하지 않을 거야.
헥터 고마워, 로라.
로라 천만에!

× · × · × · × · × · × · × · × · × · × · × · ×

 historical vs. historic

본문에서 나온 것처럼 역사를 보여 주는 과거의 장소나 유물을 이야기할 때는 historical을 사용한다. 반면 역사적인 순간, 잊을 수 없는 기록, 역사적

사건을 말할 경우에는 historic을 사용한다.

Rome has many historical sites like Gyeongju.
로마에는 경주와 같은 유적지가 많다.

It was a historic moment when Obama became the first African-American president of the United States of America.
오바마가 처음으로 흑인 미국 대통령이 된 것은 역사적인 순간이었다.

IDIOM ● **beyond words**

말 그대로 '형언할 수 없다'는 뜻이다. 비슷한 표현으로는 beyond description이 있으며 '이루 말할 수 없다, 말로는 설명이 불가능하다'는 의미다.

Your beauty is beyond words.
당신의 아름다움은 이루 말할 수 없네요.

EXPRESSION ● **open air museum**

한옥 마을과 같이 본래 '야외 박물관을 일컬어 사용하는 표현이지만, 로마나 경주와 같이 어디를 가도 유적지를 만날 수 있고 박물관에 온 것 같이 모든 게 예술 같다는 의미로도 사용된다.

SLANG ● **No biggie!**

No big deal.의 슬랭 표현이다. '별거 아니야'란 뜻으로 우리가 잘 알고 있는 You're welcome.(천만에요.) 대신 사용할 수 있다. 이외에도 Don't mention it. / Don't worry about it. / No worries. / It's all good. / No problem. / It's nothing. 등이 있다.

A: **Thanks for letting me borrow 20 bucks.**
　　20불 빌려줘서 고마워.
B: **No biggie. Anytime!**
　　별거 아닌데, 뭘. 언제든지!

Ignorance is bliss

모르는 게 약이다

'무지함은 행복이다', 즉 '굳이 알지 않아도 되는 것은 모르는 게 오히려 정신
건강에 좋다'는 뜻이다. 알게 되어 걱정하게 되거나 기분이 상하게 된다면
좋을 게 하나도 없기 때문이다.

Jess Why don't we have Mickey D's for dinner?

Lora Have you seen the documentary about
McDonald's?

Jess Jesus Christ! Do you hear yourself? I'm just
trying to have a quick peaceful dinner.

Lora You may say ignorance is bliss, but actually
knowledge is power.

Jess Knock it off! I'm having combo number 2!

제스 우리 저녁으로 맥도날드 먹는 게 어때?
로라 맥도날드에 대한 다큐멘터리를 본 적 있어?
제스 오 제발! 무슨 말을 하는 거야? 그냥 빨리 평안하게 저녁을 먹으려고 할 뿐이라고.
로라 너는 모르는 게 약이라고 하겠지만 사실 아는 게 힘이야.
제스 그만해! 난 콤보 2번 먹을 거야!

SLANG ● **Mickey D's**

McDonald's의 슬랭 표현으로 미국인들이 이렇게 줄여서 말하는 것을 정말
많이 볼 수 있다. 예를 들어 우리가 파리바게트를 '빠바', 베스킨라빈스를
'베라'라고 하는 것과 같다.

EXCLAMATION → ## Jesus Christ!

Jesus Christ는 '예수님'이지만 구어체에서 감탄사로 놀랐을 때, 화가 날 때, 답답할 때, 짜증이 날 때, 어이가 없을 때 Oh my God!과 같이 사용된다. 종교와 상관없이 거의 모든 사람이 쓰기는 하지만 간혹 예민하게 받아들이는 신실한 기독교 신자들이 있다는 것도 기억하자.

Jesus Chris! You scared the heck out of me!
으악! 너 때문에 간 떨어질 뻔했잖아!

EXPRESSION → ## Do you hear yourself?

직역하면 '지금 네 이야기를 너 자신이 듣고 있니?'이지만 사실 '무슨 말도 안 되는 소리를 하는 거야?'라는 의미다. 네가 얼마나 억지스럽고 논리에서 벗어난 이야기를 하고 있는지 너 자신이 인식은 하고 있는지 묻는 말이다. Are you listening to yourself?라고 말할 수도 있다.

Trump: Hilary and Obama created ISIS!
힐러리와 오바마가 ISIS를 만들었어요!
People: Do you even hear yourself...?
무슨 뚱딴지같은 소리를 하시는 거죠…?

IDIOM → ## Knowledge is power.

말 그대로 '지식은 힘이다', 즉 우리말로 '아는 것이 힘이다'이다.

Knowledge is power. But you must convert knowledge into action!
아는 것은 힘이다. 하지만 아는 것을 반드시 행동으로 옮겨야 한다!

IDIOM → ## knock it off!

짜증 나게 하고 귀찮게 하는 상대에게 그만하라는 의미로 이 표현을 쓸 수 있다. 또는 누군가가 말도 안 되는 소리를 하거나 거짓말할 때 '웃기지 마', '그런 소리 따위 집어치워'란 의미로도 사용할 수 있다.

Knock it off! I don't want to hear your excuses!
집어치워! 변명은 듣고 싶지 않아!

Knock it off, kids! Stop running around!
애들아, 그만해! 그만 뛰어다녀!

You can't have your cake and eat it too

두 마리 토끼를 다 잡을 수는 없다

'케이크를 먹으면 가질 수 없고 케이크가 갖고 싶다면 먹을 수 없다', 즉 '모든 것을 다 가질 수 없고 양쪽 다 좋을 수는 없다'는 뜻이다. 스타들은 인기를 얻으면 자유를 포기해야 하고 부를 얻기 위해 사람들은 관계를 포기하기도 한다. 하나를 얻으면 하나를 잃게 되는 건 순리이자 진리이다.

Sarah   I'm so jealous of you. I wish I could work for myself too.

Leon   You have a stable job. Stable income which I don't have!

Sarah   I guess it's like comparing apples to oranges.

Leon   Everything has its pros and cons. Nothing is perfect in this world.

Sarah   Yeah, you can't have your cake and eat it too.

세라   난 네가 부러워. 나도 사장이었으면 좋겠어.
리온   넌 안정적인 직장이 있잖아. 내가 가지지 못한 안정적인 월급!
세라   비교가 안 되는 걸 비교하는 것 같네.
리온   모든 건 장단점이 있지. 세상에 완벽한 건 없어.
세라   맞아. 두 마리 토끼를 다 잡을 순 없지.

×·×·×·×·×·×·×·×·×·×·×·×·×

MOST MISTAKEN → **jealous**

"네가 부러워."라는 표현은 영어로 "I envy you."? envy라는 단어는 우리가 '부럽다'라고 하는 것처럼 가볍게 흔히 사용되지 않는다. 근래에 미국인들 80% 이상이 I'm jealous.라고 한다. 슬랭으로 I'm so jelly.라고도 할 수 있다.

96

I'm so jealous of his humility.
나는 그의 겸손이 부러워.

Wow! You got into Harvard?
I'm so jelly!
와! 하버드에 합격했어? 부럽다!

 work for myself

'나를 위해서 일한다', 즉 '자영업자나 프리랜서'를 의미한다. 원어민들이 자기소개를 할 때 단골로 등장하는 표현 중 하나이다. 유사한 표현으로는 self-employed가 있다.

Billy works for himself. He is a Youtuber.
빌리는 프리랜서야. 그는 유튜버지.

 compare apples to oranges

비교할 수 없는 것 두 가지를 비교할 때 우리는 비교할 것을 비교하라고 말한다. 영어로는 You can't compare apples to oranges.이다. 전혀 다른 맛의 과일을 비교하는 건 불가능하기 때문이다. 물과 기름처럼 너무나도 다르거나 어울리지 않는 두 사람을 apples and oranges라고 한다.

Comparing Jazz and classical music is comparing apples to oranges.
재즈와 클래식 음악을 비교하는 건 너무 다른 걸 비교하는 거라 불가능해.

They are twins but apples and oranges.
그들은 쌍둥이지만 너무나 다르다.

Everything has its pros and cons.

'모든 것에는 장단점이 있다'는 뜻이다. 라틴어 pro et contra에서 온 표현으로 for and against라는 뜻을 가지고 있다. '장점'이라고 해서 pros를 따로 쓰거나 '단점'이라고 해서 cons를 따로 쓰지는 않는다.

You need to weigh the pros and cons before making the decision.
결정을 내리기 전에 장단점을 잘 따져 봐.

The pros outweigh the cons.
단점이 있기는 하지만 장점이 더 많다.

There are plenty of fish in the sea

세상에 여자/남자는 많아

바다에는 물고기가 많아! 즉 '세상에는 기회도 많고 여러 선택권이 있다'는 뜻이다. 이 표현은 대부분 연인 관계에서 여러 문제들로 어려움을 겪거나 이별 때문에 아파하는 친구에게 세상에 남자는 많고 여자는 많으니 슬퍼하지 말라는 의미로 사용된다.

Gabriel Emily friend zoned me again.
Lora You still have a crush on her?
Gabriel It's her third time turning me down.
Lora It's really time to move on, Gabriel. There are plenty of fish in the sea!

가브리엘 에밀리가 날 또 친구로 선을 그었어.
로라 아직도 좋아해?
가브리엘 3번째 차이는 거야.
로라 가브리엘, 이제 진짜 잊고 새 출발 할 때야. 세상에 여자는 많아!

  **LET'S LEARN!**

SPOKEN ENG ▸ **friend zone**

zone은 명사로 '구역'이며 동사로는 '특정 목적을 위한 지역으로 정하다'라는 의미다. 따라서 friend zone은 대부분 동사로 사용되며 연인 관계로 발전할 수 없는 그저 친구 사이로 선을 긋는 것을 말한다.

I get friend zoned by every crush.
내가 좋아하는 사람들은 다 날 친구로만 생각해.

• **have a crush**

누군가를 비밀스럽게 혼자 좋아하는 것을 말한다. 즉 '짝사랑하다'이다.
crush는 명사로 '짝사랑을 하고 있는 상대'를 의미하기도 한다.

I've had a crush on Jenny for 3 years.
난 제니를 3년간 짝사랑해 왔어.

He is my crush from high school.
그는 내 고등학교 때 짝사랑이야.

• **turn down (someone/something)**

turn down은 '거절하다, (이불 등을) 개다, 소리를 줄이다' 등을 의미한다.

I got turned down for a job.
나 취업 안 됐어.

Can I get a turn-down service?
호텔 방과 침대 정리 부탁드립니다.

Could you please turn down the volume?
볼륨 좀 줄여 주시겠어요?

• **move on**

move on은 '다음 단계로 넘어가다'는 뜻으로도 사용되지만 본문에서의
move on은 '과거를 잊고 새 출발을 하는 것'을 의미한다. 옛 연인을 잊지
못하고 괴로워하거나 과거에 갇혀서 앞으로 나아가지 못하고 있는 친구에게
이렇게 말할 수 있다.

I'm going to move on. I'm going to meet someone new!
그 사람은 잊을 거야. 다른 새로운 사람을 만날 거야!

Let's move on to the next topic.
다음 주제로 넘어가죠.

There is no such thing as a free lunch

세상에 공짜는 없다

'공짜 점심 따위는 없다', 즉 '세상에 공짜는 없다'는 뜻이다. 무언가를 얻고
싶다면 그만큼 노력해야 함을 강조하고 싶을 때 사용할 수 있는 표현이다.
이 세상에 그냥 얻어지는 것이 무엇이 있으랴? 이 진리를 안다면 열심히
살지 않을 수 없고 요행을 바랄 수도 없을 것이다.

Matt   I'm thinking of **getting a loan to buy a new car.**

Lora   **Shut up!** I thought your credit score was too low to get an auto loan.

Matt   **I found this financial service for bad credit.**

Lora   **There is no such thing as a free lunch!**

Matt   **Right.** I got swayed by **fake ads.**

Lora   Get your act together! **It doesn't matter what car you drive but who you are inside that matters.**

매트   새 차 구입하려고 자동차 대출을 받을까 생각 중이야.
로라   말도 안 되는 소리 하지 마! 너 대출받기엔 신용 점수가 너무 낮을 텐데.
매트   신용이 나쁜 사람들을 위한 금융 서비스를 찾았어.
로라   세상에 공짜는 없어!
매트   그러네. 가짜 광고에 휘둘렸네.
로라   정신 차려! 무슨 차를 타느냐가 중요한 게 아니라 진짜 네가 누구냐가 중요한 거야.

PATTERN — I'm thinking of + 동명사/명사

나는 '~를 생각 중이다'란 패턴이다. 뒤에는 동명사 혹은 명사가 올 수 있다.

I'm thinking of having pasta for dinner.
저녁으로 파스타를 먹을까 생각 중이야.

I'm always thinking of you.
난 항상 널 생각하고 있어.

SPOKEN ENG — Shut up!

Shut up!을 '닥쳐!'로만 알고 있었는가? '웃기지 마', '말도 안 되는 소리 하지 마'란 뜻으로 사용되기도 하며 '믿을 수 없어'란 감탄사로도 쓸 수 있다.

What? Shut up! Oh my God. I can't believe this.
뭐? 말도 안 돼! 헐. 믿을 수 없어.

EXPRESSION — get swayed by

'(남에게, 감정 등에) 휘둘리다, 흔들리다, 지배당하다'라는 뜻이다.

Don't get swayed by your emotions but learn to discipline and contain them.
네 감정에 지배당하지 말고 자제하고 다스리는 법을 배워.

Jenny got swayed by his sweet talks.
제니는 그의 달콤한 말에 흔들렸다.

IDIOM — Get your act together!

일과 인생을 제대로 살기 위해 '정신 차리고 똑바로 하라'는 뜻이다. 주변을 정리하고 정신을 가다듬는 것을 의미하기도 한다.

He got his act together and got a job.
그는 정신 차리고 일자리를 구했다.

You will have to get your act together if you want to meet the deadline.
마감일을 맞추고 싶다면 정신 똑바로 차리고 제대로 해야 할 거야.

LET'S PRACTICE!

1. 주어진 어휘를 이용해서 문장을 만들어 보세요.

1   그는 암 덩어리 같은 존재야. (bad)

_____

2   네가 한 말은 지켜. (live)

_____

3   그만해. (knock)

_____

4   세상에 공짜는 없다. (There is no such thing)

_____

5   말도 안 되는 소리 하지 마! (up)

_____

6   이제 잊고 새 출발 해! (on)

_____

7   두 마리 토끼를 다 잡을 수는 없다. (your cake)

_____

8   백문이 불여일견. (A picture is worth)

_____

9   재수가 없다. (In the wrong place)

_____

10   집안 내력이다. (It runs)

_____

정답 1   1) He is a bad apple. 2) Live up to your words. 3) knock it off. 4) There is no such thing as free lunch. 5) Shut up! 6) Move on! 7) You can't have your cake and eat it too. 8) A picture is worth a thousand words. 9) In the wrong place at the wrong time. 10) It runs in the blood.

2.

같은 의미가 되도록 빈칸을 채워 보세요.

1 우리는 좋을 때도 힘들 때도 함께했다.

We've been through _____.

2 진정해.

Take _____.

3 그녀는 진국이야.

She is _____.

4 유유상종이다.

Birds _____.

5 세상에 여자/남자는 많아.

There are _____.

6 난 네가 부러워.

I'm _____.

7 모르는 게 약이다.

_____ bliss.

8 말로 다 설명할 수 없어.

It is _____.

9 자책하지 마.

Don't _____.

10 그는 좋을 때만 친구였다.

He was a _____.

Day

41~50

It is music to my ears!

너무 좋은 소식이다!

내 귀에 노래처럼 들릴 정도로 듣기 좋은 소식을 들었을 때 사용할 수 있는
표현으로 '듣던 중 반가운 소리다', '너무 좋다', '너무 기다려 왔던, 듣고
싶었던 말이다'라는 뜻이다. 유사한 표현으로는 I'm happy to hear that.
또는 Good to hear that. 등이 있다. 독자분께서 이 책이 재미있고 도움이
된다고 말씀하신다면 나는 이렇게 크게 외칠 것이다. "Thank you! That is
music to my ears!"

Sally   I'm leaving Ken. I'm dead serious this time.

Peter   That is music to my ears! Thank God! Are
you sure this time though?

Sally   Yes, I'm 100% positive.

Peter   Good! Once a cheater always a cheater.

Sally   I shouldn't have given him a second chance.

Peter   You deserve so much better.

샐리   나 켄을 떠날 거야. 이번에는 정말 진심이야.
피터   듣던 중 반가운 소리다! 아, 정말 다행이야! 근데 이번에는 진짜야?
샐리   응, 100퍼센트 확실해.
피터   좋다! 한번 바람피운 놈은 항상 바람피워.
샐리   봐주는 게 아니었어.
피터   넌 훨씬 더 좋은 사람을 만날 자격이 있어.

× · × · × · × · × · × · × · × · × · × · × · ×

IDIOM ● **dead serious**

serious는 '진지한, 심각한'이란 뜻이다. '매우' 진지한 것을 강조할 때
very, extremely 등을 쓸 수 있지만 원어민들은 dead(죽은)를 붙여
관용적으로 '죽을 만큼 진지하다'는 이 표현을 매우 자주 사용한다.

He is dead serious about working in New York.
그는 뉴욕에서 일하는 것에 대해 정말 진지해.

Thank God!

'신에게 감사한다'는 뜻으로 너무나 감사하고 기쁠 때 쓰는 감탄사이다.
'다행이다', '너무 좋다', '꺅', '아, 정말 감사하다' 등을 의미한다.

Thank God it's Friday! (TGIF)
꺅, 불금이야!
*Fire Friday는 콩글리시

EXPRESSION

I'm positive.

여기서 positive는 '긍정적인'이란 뜻이 아니다! I'm positive.는 I'm sure.
그리고 I'm certain.과 동일하게 '나는 확신한다, 확실하다' 등의 뜻으로도
많이 쓰인다. 100%를 사용해서 좀 더 의미를 강조하기도 한다.

I'm positive! I saw it with my own eyes.
확실해요! 제 두 눈으로 봤어요.

IDIOM

Once a cheater always a cheater.

cheater은 '사기꾼'을 의미하지만 대부분 '바람을 피운 사람'을 의미한다.
바람을 안 피우는 사람은 있어도 한 번만 피우는 사람은 없다는 뜻이다.
'Once a ~ always a ~' 패턴으로 사용될 수 있으며 사람은 바뀌지 않는다는
것을 의미한다.

Once a Marine always a Marine!
한번 해병대는 영원한 해병대다!

IDIOM

give (someone) a second chance

'누군가에게 두 번의 기회를 준다'는 것은 곧 실수를 하더라도 용서한다는
의미이다. 또한 말 그대로 상대의 능력을 믿고 또 한 번의 기회를 허락하는 것을
뜻하기도 한다.

Everyone deserves a second chance.
모든 사람은 다시 한번 기회를 얻을 자격이 있다.

Can we take a rain check?

다음으로 미뤄도 될까?

야구 경기가 우천 시 취소될 경우, 경기는 다음으로 미뤄지게 되는 것에서 유래된
표현이다. 따라서 지금 당장은 초대나 제의 등을 받아들일 수 없기에 다음으로
미뤄야 할 때 '다음에 하자', '다음을 기약하자'는 의미로 주로 사용된다.
Can we[I] take a를 생략하고 간략하게 Rain check?이라고 말하기도 한다.

Husband	Honey! Let's fly to Miami this weekend.
Wife	Sounds like a plan but **can we take a rain check?**
Husband	Why? We have a 3-day weekend!
Wife	I hate to break it to you **but we are** short on cash **this month.**
Husband	Oh, I didn't know that.
Wife	Yeah, we have to tighten our belts.

남편	자기야! 우리 이번 주말에 마이애미로 떠나자.
부인	좋은 생각이긴 한데 다음으로 미루면 어때?
남편	왜? 3일 연휴잖아!
부인	이런 말 해서 미안하지만 이번 달 우리 돈이 부족해.
남편	아, 몰랐어.
부인	응, 우리 허리띠를 졸라매야 해.

× · × · × · × · × · × · × · × · × · × · × · ×

PATTERN ● **fly to + (목적지)**

fly는 '난다'는 뜻으로 어디론가 훌쩍 떠나다, 비행기를 타고 멀리 여행을
가는 것을 의미한다. 공항에서 체크인할 때 충분히 사용할 수 있는 표현이니
기억하자. 참고로, That's fly.는 That's cool. 또는 That's awesome.과
동일한 표현으로 쓰이지만 예전만큼은 아니다.

A: **Where are you flying to?** 목적지가 어디시죠?
B: **I'm flying to Los Angeles.** LA로 갑니다.

SPOKEN ENG • **Sounds like a plan.**

상대가 한 제의가 맘에 들 때, 동의할 때 '좋은 생각인데?', '좋아, 그렇게 하자'의 의미로 하나의 리액션과 같다. 언제나 말하지만 리액션은 회화의 꽃이다!

A: Do you want pizza for dinner? What do you say?
저녁에 피자 먹을래? 어때?

B: Sounds like a plan!
아주 좋은 생각이야!

EXPRESSION • **I hate to break it to you**

상대에게 좋지 않은 소식을 전해야 할 때, 하기 힘들 말을 해야 할 때 '이런 말 하기 싫지만', 이런 말 하기 미안하지만 어쩔 수 없이 이야기한다'는 뜻으로 사용할 수 있다.

I hate to break it to you but I'm not in love with you anymore.
이런 말 해서 미안하지만 난 더 이상 널 사랑하지 않아.

IDIOM • **short on cash**

'돈이 짧다'는 뜻이 아닌 '돈이 모자란다'는 뜻으로 short on budget (예산이 부족하다), short of money(돈이 부족하다) 등으로도 응용하여 사용할 수 있다.

IDIOM • **tighten our belts**

우리도 '허리띠를 졸라매야 한다'고 말하듯 직역해도 무관한 표현이다. '돈을 아껴 써야 한다'는 뜻이다.

We have no choice but to tighten our belts a little more.
허리띠를 더 졸라매야 하는 것 말고는 다른 선택의 여지가 없어.

Save for a rainy day

어려울 때를 대비해 돈을 모으다

'비가 오는 날을 위해서 저축을 해야 한다', 즉 인생을 살다 보면 생각지도 못한 어려움이 찾아올 수 있는데 그때를 대비하여 돈을 아껴 쓰거나 저축을 한다는 뜻이다. Keep for a rainy day. 또한 '어려울 때를 대비해 아껴 놓는다'는 의미이다.

Peter   Hey, can I borrow 200 bucks?

Joe   Again? Are you saving at all?

Peter   Save? YOLO, man! Look at my new Rollie. FLEX!

Joe   You really need to start **saving for a rainy day.**

Peter   You know how much I make.

Joe   I know you make a lot of dough but life sometimes throws you a curveball.

피터   야, 나 200불만 빌려줄 수 있어?.

조   또? 너 저축은 조금이라도 하냐?

피터   저축? 욜로, 친구! 내 새 롤렉스 시계 봐 봐. 플렉스!

조   힘들 때를 대비해서 너 정말로 저축을 시작해야 해.

피터   너 내가 얼마 버는지 알잖아.

조   많이 버는 거 알지만 인생에는 가끔 정말 예기치 못한 일이 생기기도 해.

× · × · × · × · × · × · × · × · × · × · × · ×  **LET'S LEARN!**

 borrow vs. lend

한국인이 가장 헷갈려 하는 단어 중 하나가 borrow와 lend의 차이점이다. borrow는 '빌리는 것'이고 lend는 '빌려주는 것'이다. 따라서 borrow는 전치사 from(**누구에게서** 빌리다)과 lend는 전치사 to(**누구에게** 빌려주다)와 단짝이다.

Can I **borrow** a pen (**from** you)?
너한테 펜 하나 빌릴 수 있을까?

I **lent** 100 dollars **to** him.
나는 그에게 100불을 빌려주었다.

Kevin **borrowed** my laptop.
(**from** me)
케빈이 내 노트북을 빌려 갔어.

I never **lend** money **to** anyone.
나는 누구에게도 돈을 빌려주지 않는다.

SLANG ● bucks

dollar의 슬랭이며 흔히 쓰이는 비슷한 표현으로 본문에 나와 있는 dough가
있다. '밀가루'란 뜻이지만 미국인의 주식이 빵이며 빵을 밀가루로 만들기
때문에 유래되었다. bread 또한 '돈'이란 뜻으로 사용된다.

This is my bread and butter.
이게 내 밥줄이야.

SLANG ● Rollie

명품 롤렉스(Rolex) 시계를 줄여서 Rollie라고도 한다.

SLANG ● flex

flex는 근육에 힘을 주는 것과 부러뜨리지 않고 구부리는 것을 의미하지만
요즘은 '자랑하다', '뽐내다'로 더 많이 알려져 있다. 비슷한 표현으로
show off와 boast가 있다.

A lot of guys flex their muscles in front of the mirror.
많은 남자들이 거울 앞에서 근육에 힘을 준다.

IDIOM ● life throws a curveball

야구에서 커브볼은 직선으로 오지 않아 치기 힘든 공을 의미한다. 따라서 예상치
못한 일이나 속임수를 의미한다. 따라서 이 표현은 '인생에는 예상치 못한 일,
대부분 힘든 일이 찾아온다'는 뜻이다.

When life throws a curveball focus on what you can control.
인생에 예상치 못한 힘든 일이 일어날 때는 네가 제어할 수 있는 것에 집중해.

Burn bridges

돌아올 수 없는 강을 건너다

전쟁에서 다리를 부수는 것은 두려움에 도망치고 싶음과 적을 막기 위함이었다. 여기서 유래된 이 표현은 오늘날 다시 되돌릴 수 없는 말이나 행동을 하고 돌이킬 수 없는 선택을 하는 것을 의미한다. Don't burn bridges.는 '침 뱉은 우물 다시 먹는다'는 우리나라 속담과 비슷한 표현이다.

Jason	I'm so quitting my job.
Lora	What? You were on fire!
Jason	My boss is a real jerk. He humiliated me in front of everyone.
Lora	That's a low blow.
Jason	I just wanted to flip him off and leave right there.
Lora	Still don't burn bridges like that. Let's cool off your anger first.

제이슨	일 그만둘 거야.
로라	응? 너 엄청 열정적이었잖아!
제이슨	내 상사 진짜 나쁜 놈이야. 모든 사람들 앞에서 나한테 모욕감을 줬어.
로라	그건 정말 별로다.
제이슨	바로 그 자리에서 가운뎃손가락을 날리고 나오고 싶었어.
로라	그래도 그렇게 돌아올 수 없는 강을 건너지는 마. 일단 화부터 가라앉히자.

× · × · × · × · × · × · × · × · × · × · × · × · ×

IDIOM ● **on fire**

말 그대로 '불이 나고 있다'는 뜻이기도 하지만 '열정을 불태운다', 즉 '매우 열심히 한다'는 의미로도 사용될 수 있다. hot이 '섹시하다'는 뜻으로도 사용되는데 on fire도 마찬가지다.

She is on fire. She never sleeps.
그녀는 정말 열정적이야. 절대 잠을 자지 않아.

You are looking on fire!
너무 섹시한데!

SLANG

jerk

jerk는 비열하고 자기중심적이며 무례하고 밉살스러운 사람을 일컫는 말로, 보통 남자에게 쓴다.

Dan is the biggest jerk I know.
He is super narrow-minded and rude.
댄은 내가 아는 사람들 중에 제일 별로야. 그는 정말 속이 좁고 무례해.

IDIOM

low blow

허리 아래를 타격하는 반칙을 의미하는 스포츠 단어이지만 일상생활에서 '불공평하고 비열하며 치사한 행동'을 뜻하기도 한다. 모욕적인 말을 하거나 상대의 약점이나 치부를 일부러 들추는 것 등을 의미한다.

Leaving vicious comments out of jealousy is a real low blow.
질투 때문에 악플을 다는 것은 비열한 짓이다.

IDIOM

flip (someone) off

가운뎃손가락을 올려 말이 아닌 제스처로 욕하는 것을 의미한다. fuck you와 동일하다.

The driver honked crazy and flipped me off.
운전자는 나에게 미친 듯이 자동차 경적을 울리고 가운뎃손가락을 들었다.

EXPRESSION

cool off

'차게 하다', '식히다'란 뜻이다. 말 그대로 온도를 낮춘다는 뜻 외에도 애정이 식거나 화가 가라앉다는 의미로 사용될 수 있다.

I'm gonna shower to cool off.
더위를 식히기 위해 샤워할 거야.

We are in a cool off period.
우리는 잠시 시간을 갖고 있어.

Don't judge a book by its cover

겉만 보고 판단하지 말라

책 표지를 보고 내용이 재미있을지 재미없을지 판단하지 말라, 즉 '눈에 보이는 것만으로 함부로 판단하지 말라'는 뜻이다. 사람의 외모, 가진 소유와 피부색으로 누군가를 쉽게 판단하고 규정 짓는 실수를 범하지 않기를 바란다. 보여지는 것은 빙산의 일각에 불과할 뿐이다!

Mat	Did you know Kim's parents own The Palms hotel in Las Vegas?
Lora	**Never in a million years** since she pinches pennies all the time.
Mat	Tell me about it! It's really **don't judge a book by its cover**, huh?
Lora	**Speaking of which**, do you remember Alex?
Mat	All tattooed and scary looking guy?
Lora	Yeah, he turned out to be the most tender person.

매트	킴의 부모님이 라스베이거스에 있는 팜 호텔 소유하고 계신 거 알았어?
로라	항상 어떻게든 돈 안 쓰려고 해서 상상도 못 했어.
매트	내 말이! 진짜 겉만 보고 판단하지 말라네, 그치?
로라	말이 나와서 말인데, 알렉스 기억나?
매트	온몸에 문신 있고 무섭게 생긴 애?
로라	응, 알고 보니까 제일 여린 사람이더라고.

× · × · × · × · × · × · × · × · × · × · × · ×  LET'S LEARN!

IDIOM ► **never in a million years**

백만 년이 지나도 절대 안 된다, 즉 '어림없다', '절대 불가능하다', '무슨 일이 있어도 하지 않겠다'는 의미이다. 본래 not in a million years를 주로 쓰지만 never을 사용하여 더 강조할 수 있다.

I never in a million years expected this to happen.
난 절대 이런 일이 일어날 거라고는 생각지도 못했어.

IDIOM • pinch pennies

penny는 1 cent, 즉 10원 정도이다. pinch는 '꼬집다'는 뜻이며 10원짜리도 손에서 놓지 못하고 한 푼이라도 아끼는 것을 의미한다. 따라서 '구두쇠'를 penny pincher라고 한다.

The couple had to pinch pennies after getting married.
그 커플은 결혼한 후 열심히 돈을 아껴야 했다.

IDIOM • Tell me about it!

말 그대로 '그것에 대해 말해 달라'는 뜻이기도 하며 '내 말이', '그러니까 말이야'와 동일하게 '나도 똑같이 느낀다'란 의미를 가지고 있다. 상대를 이해할 수 있고 공감할 수 있을 때 하나의 리액션처럼 사용할 수 있다.

A: I can't wait for Christmas.
빨리 크리스마스가 왔으면 좋겠어.
B: Tell me about it! I'm so excited!
내 말이! 너무 신나!

EXPRESSION • speaking of which

'말이 나왔으니까 말인데'란 뜻으로 이미 언급된 것에 대해 덧붙이고 싶을 때 사용할 수 있다. which 대신 '명사'나 '사람'이 올 수도 있다.

Speaking of Lora, she is a great teacher.
로라 말이 나와서 말인데, 그녀는 정말 좋은 선생님이야.

Speaking of summer, we should plan our vacation now.
여름 이야기가 나와서 말인데, 지금 휴가 계획을 세우자.

EXPRESSION • tender

고기가 질기지 않고 '부드럽다'는 뜻도 있지만 '쉽게 상처받는 여린' 사람을 의미하기도 한다.

This steak is so tender. 이 스테이크 정말 연하다.

I'm sick of it!

지긋지긋해!

스트레스를 받고 아픔을 느낄 정도로 싫다는 의미로 '지긋지긋하다'는 뜻이다. 조금 순화된 표현으로 I'm tired of it.이 있으며 '지친다'로 해석할 수 있다. sick of 뒤에 다양한 명사와 동명사를 사용하여 응용할 수 있으니 짜증 나고 지루하며 피곤하게 하는 것이 있을 때 활용해 보자.

Boyfriend	Are you texting a guy?
Girlfriend	Oh, please! Cut it out! That's it. Let's break up.
Boyfriend	What do you mean?
Girlfriend	I'm sick of it! I'm sick of fighting! I can't take this anymore.
Boyfriend	I thought we put everything behind us.
Girlfriend	Exactly. But obviously you still don't trust me.

남자 친구   남자한테 문자 보내는 거야?
여자 친구   아, 제발! 그만해! 됐다. 헤어지자.
남자 친구   무슨 말이야?
여자 친구   지긋지긋해! 싸우는 거 정말 지쳐! 더 이상은 못하겠어.
남자 친구   다 해결된 거 아니었어?
여자 친구   바로 그거야. (끝난 줄 알았는데) 넌 확실히 아직 날 믿지 않아.

× · × · × · × · × · × · × · × · × · × · × · ×

LET'S LEARN!

 IDIOM ● **Cut it out!**

'그만해!'라는 뜻으로 상대가 하는 행동이 불쾌하거나 말이 듣고 싶지 않을 때 사용할 수 있다. '거짓말은 집어치워'로 Cut the crap.이란 표현이 있다. crap은 '똥'을 의미하며 비속어이니 주의하자.

Stop making stupid dad jokes! Cut it out!	Cut the crap! I don't believe anything you say.
바보 같은 아재 개그 그만해! 그만해!	거짓말 집어치워! 난 네가 하는 말 하나도 안 믿어.

I can't take this anymore.

'더 이상은 못 참겠다, 못 해 먹겠다'는 뜻이다. take는 '참다, 견디다'라는 뜻도 있음을 기억하자! 유사한 표현으로는 I can't stand something/someone.이 있다.

I can't take him anymore.
He yaps nonstop.
나 저 사람 더 이상 못 견디겠어.
쉬지 않고 지껄여.

I can't stand this weather!
It's way too cold!
이 날씨 못 견디겠어!
너무 추워!

IDIOM

put (something) behind

'모든 것을 뒤로하다', 즉 '좋지 않은 기억, 다툼 등을 잊어버리다, 없던 일로하다'라는 뜻이다.

I'm just going to put all this behind me and just focus on the future.
이 모든 건 그냥 잊어버리고 난 미래에 집중할 거야.

EXPRESSION

exactly

'정확히', '꼭', '틀림없이'란 뜻이다. 본문에서처럼 리액션으로 상대의 말이 정확하게 맞다는 의미로 맞장구칠 때 사용할 수 있다.

I know exactly how you feel.
난 네가 어떻게 느끼는지 정확하게 알아.

What exactly do I need to do?
정확하게 제가 뭘 해야 하죠?

A: Are you going out with Kyle?
카일이랑 사귀는 거야?

B: Um, not exactly. It's actually just a fling.
음, 정확하게는 아니야. 사실 그냥 즐기는 거야.

Haste makes waste

급할수록 돌아가라

서둘러서 무언가를 하게 되면 결국 실수로 이어지고 시간, 노력, 물질 등을
낭비할 수 있다는 뜻이다. 아일랜드 속담에 '신은 시간을 만들었고 인간은
조급함을 만들었다'는 말이 있다. 어떠한 상황 속에서도 평정심을 유지하고
매사에 신중하게 결정하고 행동하자.

Hailey	Guess what! I'm getting married in 2 weeks!
Ben	What? You just met John. What's the rush?
Hailey	Well, I'm in my middle 30s and I think he's my Mr. Right.
Ben	Age doesn't matter! And haste makes waste.
Mat	I'm serious! He is the one.
Ben	Oh my God. You are so blinded by love!

헤일리	있잖아! 나 2주 후에 결혼해!
벤	뭐? 존 만난 지 얼마 안 됐잖아. 왜 이렇게 서두르는 거야?
헤일리	음, 난 30대 중반이고 내 사람을 만난 것 같아.
벤	나이가 무슨 상관이야! 그리고 서두르면 실수할 수 있어.
헤일리	진심이야! 이 사람이 내가 찾던 사람이야.
벤	아이고. 사랑에 눈이 멀었구나!

× · × · × · × · × · × · × · × · × · × · × · × · ×

 Guess what!

무언가를 이야기하기 전에 이목을 집중시키기 위해 말하는 관용어이다.
'내가 무슨 말을 할지 맞혀 봐', 혹은 '있잖아, 흥미로운 사실을 알려 줄게'를
의미한다.

Guess what! I got a job!
있잖아! 나 취업했어!

• **What's the rush?**

What's the hurry?로도 사용될 수 있는 이 표현은 '왜 이렇게 서두르느냐?', '뭐가 그렇게 급하냐?'는 뜻이다.

What's the rush? We have plenty of time!
뭐가 그리 급해? 우리 시간 충분히 많아!

• **in my middle 30s**

'나이'를 이야기할 때 in early(초반), in middle(중반), in late(후반)는 유용하게 쓰이니 기억하자.

My grandmother is in early 90s. 우리 할머니는 90대 초반이다.	**My mom gave a birth to me when she was in her middle 20s.** 우리 엄마는 20대 중반에 나를 낳았다.

• **Mr. Right**

'남편감으로 완벽한 이상형'을 Mr. Right이라고 하며 '결혼하고 싶을 만큼 좋은 여자'를 Mrs. Right이라고 한다. Mr. Right, Mrs. Right이라고 쓰인 커플티나, 머그잔도 있으니 이미지도 찾아보자!

You've been with your boyfriend for a year now.
Do you think he is your Mr. Right?
너 이제 남자 친구랑 일 년 사귀었잖아. 결혼할 상대인 것 같아?

• **blinded by love**

'사랑에 눈이 멀다', 즉 '콩깍지가 씌었다'는 뜻이다. blinded by 뒤에 다양한 명사를 넣어 '~에 현혹되다, 눈이 가려지다, 눈앞이 보이지 않다'로 응용하여 사용할 수 있다.

Don't be blinded by money. **Money can't buy happiness.** 돈에 눈이 멀지 말아라. 행복은 돈으로 살 수 없다.	**I got blinded by the sun for a second.** 햇빛 때문에 눈앞이 잠시 보이지 않았다.

My gut tells me ~

내 직감에 따르면 ~

gut은 '내장'을 의미하지만 '배짱'이나 '용기' 혹은 '직감'을 뜻한다. 논리나 특별한 이유 없이 직감적으로 무언가를 느낄 때 이 표현을 사용할 수 있다. 이외에도 gut을 사용한 표현으로 have a gut feeling(직감적으로 알다), gut reaction(본능적인 반응), go with my gut(직감을 따르다) 등이 있다.

Mat   I'm going to invest all of my savings in a stock.

Lora   Don't put all your eggs in one basket.

Mat   I heard it from a legit source. Don't let the cat out of the bag.

Lora   My gut tells me that this is a bad idea.

Mat   Why are you so skeptical?

Lora   Success with money requires patience and persistence. There's no way around it.

매트   나 모든 내 적금은 주식 하나에 투자할 거야.
로라   계란을 한 바구니에 다 담지 마.
매트   확실한 소식통에서 들었어. 비밀이니까 조심해.
로라   직감적으로 좋은 생각이 아니란 느낌이 온다.
매트   넌 왜 이렇게 의심이 많냐?
로라   돈을 많이 버는 건 인내와 꾸준함이 필요해. 다른 방법은 없어.

× · × · × · × · × · × · × · × · × · × · ×

IDIOM → **Don't put all your eggs in one basket.**

'계란을 한 바구니 안에 담지 말아라', 즉 '모든 노력과 모든 자원을 한곳에만 집중해서 쏟지 말라'는 뜻이다. 특히 리스크가 크고 다른 대안이 없을 때 실패했을 경우 모든 것을 잃게 될 수 있으니 조심하라는 조언이다.

It would be wonderful if you make it as a Hollywood actor. However, don't put all your eggs in one basket!
네가 할리우드 배우로 성공하면 너무 좋지. 하지만 계란을 한 바구니 안에 다 담지는 마!

legit

legitimate은 '합법적인', '정당한', '타당한' 등을 의미한다. 이에 파생된 legit은 슬랭이며 '진짜, 진짜로', '합법적인', '짱', '대박' 등의 의미로 사용된다. 유사한 표현으로는 cool, awesome, dope 등이 있다.

Your new car is so legit!   Is your watch legit?
너의 새 자동차 진짜 짱이다!   네 시계 진품이야?

IDIOM **Don't let the cat out of the bag.**

15세기 영국에서는 자루에 돼지를 넣어 팔았는데 가끔 고양이를 돼지로 속여 팔았다고 한다. 따라서 고양이가 자루에서 나가지 않도록 해라, 즉 '비밀을 누설하지 말아라', '숨겨진 것을 보여 주지 말라'는 뜻이다.

She let the cat out of the bag and spoiled the movie twist.
그녀는 비밀을 말해 영화의 반전을 스포해 버렸다.

EXPRESSION **skeptical**

'의심이 많은', '회의적인'이란 뜻으로 사람의 성격을 묘사할 때 사용할 수 있다. 반대로 남을 잘 믿고 잘 속는 사람을 gullible이라고 표현한다. 직접적으로 '난 믿지 않는다. (I don't believe it.)'는 말보다 '난 조금 회의적이다. (I'm a little skeptical.)'이 덜 공격적이며 조금은 공손하게 들린다.

EXPRESSION **There's no way around it.**

'피해 갈 수 없다'는 뜻으로 '앞서 언급한 것 외에는 다른 방법은 없다'는 의미다.

If you want to speak English like a native,
you must study a lot of idioms. There's no way around it.
원어민처럼 영어를 하고 싶다면, 이디엄(관용어)을 반드시 많이 외워야 한다.
다른 방법은 없다.

It takes two to tango

손바닥도 마주쳐야 소리가 난다

'탱고 춤을 추려면 혼자서는 출 수 없고 둘이어야 출 수 있다'는 뜻으로 '문제가 있을 경우 양쪽 모두 잘못과 책임이 있다'는 의미다. 또는 어떠한 문제를 해결하기 위해서 또는 무언가가 원활하게 진행되기 위해서는 양쪽의 노력이 동일하게 필요하다는 의미로도 사용된다. 삶에 많은 문제들을 마주하게 될 때 가끔은 나 자신을 돌아보는 것이 중요하다.

Camille I really can't trust anyone.

Toby I know life has been rocky lately for you, but I want you to stop blaming others.

Camille I'm trying but it is very challenging.

Toby I'm sorry but **It takes two to tango**. You can't play the victim all the time.

Camille I know what you mean.

Toby It seems to me that all of your problems stem from your poor decisions.

카밀 아무도 믿을 수 없어.
토비 요즘 너에게 삶이 힘들었다는 거 알아, 하지만 남의 탓은 그만했으면 해.
카밀 노력하고 있지만 쉽지 않아.
토비 미안하지만 손바닥도 마주쳐야 소리가 나. 언제나 피해자 코스프레를 할 수는 없어.
카밀 무슨 말인지 알아.
토비 내가 보기엔 너의 모든 문제는 너의 현명치 못한 결정으로 인해 생기는 것 같아.

× · × · × · × · × · × · × · × · × · × · ×  **LET'S LEARN!**

EXPRESSION ➤ **rocky**

rocky는 '돌투성이의'란 뜻으로 꽃길의 반대인 '고난이 많고 험난한'의 의미로 비유적으로 많이 사용된다. 유사한 표현으로는 rough가 있다.

She got out of her rocky marriage.
그녀는 힘든 결혼 생활에서 빠져나왔다.

I got a flat tire driving on a rocky road.
돌투성이인 길에서 운전하다 타이어에 펑크가 났다.
*tire punk는 콩글리시다!

challenging

사전에는 '도전적인, 도전 의식을 불러일으키는'이라고 나와 있지만 '힘든, 쉽지 않은'의 의미도 있다. 흔히 쓰는 표현으로 challenging time(어려운 시간), challenging task(어려운 과제) 등이 있으며 상황과 문맥에 따라 challenge는 '난관, 어려움, 골칫거리, 문제, 걸림돌' 등이 될 수 있다. vertically challenged(키가 작다), financially challenged(경제적으로 어렵다) 등의 원어민 표현도 기억하자.

It is very normal to face diversified challenges in a life journey.
인생에 여정에서 다양한 난관을 마주하는 것은 매우 정상이다.

play the victim

매사에 자기 자신이 피해자라고 여기며 모든 문제에 있어 책임과 잘못은 상대에게 있다고 생각하는 것을 의미한다. 즉 피해자 코스프레를 하며 불쌍한 척을 하는 것과 같다. play the victim card라고 하기도 한다.

Don't play the victim to circumstances you created.
네가 만든 상황에서 피해자 코스프레를 하지 말라.

Strong people don't play the victim card but take the responsibility for their actions.
강한 사람은 피해자 코스프레를 하지 않고 자신의 행동에 책임을 진다.

stem from ~

'~에서 기인하다, 유래하다'로 '~이 원인이다'란 뜻이다.

All of humanity's problems stem from man's inability to sit quietly in a room alone.
- Blaise Pascal

인류의 모든 문제는 인간이 방에 혼자 조용히 앉아 있지 못하는 데서 비롯된다.
- 블레즈 파스칼

Age is just a number

나이는 숫자에 불과하다

말 그대로 '나이는 숫자에 불과하다', 즉 '나이는 중요하지 않다'는 뜻이다. **You are only as old as you feel.**이라는 표현이 있다. 직역하면 '당신은 당신이 느끼는 만큼 나이를 먹었다'로 젊게 살면 실제 나이와 다르게 젊을 수 있다는 뜻으로 나이도 마음먹기에 달렸다는 의미이다. 많은 한국인들은 상대적으로 나이에 갇혀 있다는 생각이 들었던 적이 많다. 당신의 꿈과 소망이 숫자에 갇혀 꽃 피우지 못하는 일이 없기를 바란다!

Foster   Did you know there is a 55-year-old lady in my class?

Lora   For real?

Foster   Yup, she wants to be a social worker so came to college.

Lora   Wow, age is just a number, huh?

Foster   It is amazing how some people age like fine wine.

Lora   On the other hand, there are people who age like spoiled milk.

포스터   내 수업에 55세 아주머니가 계신 거 알았어?
로라   진심?
포스터   응, 사회복지사가 되고 싶어서 대학에 오셨어.
로라   와. 나이는 숫자에 불과하다, 그치?
포스터   어떤 사람은 와인처럼 멋지게 나이 드는 게 참 훌륭해.
로라   반대로 어떤 사람들은 상한 우유처럼 나이가 들지.

× · × · × · × · × · × · × · × · × · × · × · × · ×

SPOKEN ENG ➤ **For real?**

Really?는 '정말?'이란 뜻으로 원어민들이 자주 사용하는 리액션 중 하나다. 완벽한 문장으로는 Are you for real?이며 유사한 표현으로는 Are you serious?(진짜야?), Seriously?(진심으로?/진짜?), Are you sure?(진짜야?) 등이 있다.

A : I made this chicken soup for you.
내가 널 위해 이 닭고기 수프를 만들었어.

B : Are you for real? OMG! Thank you!
진짜로? 세상에! 고마워!

yup

yup은 yes(네)의 비격식 표현이다. '네'의 비격식으로 '넵', '넹' 등이
있듯이 영어에서도 마찬가지다. 이외에도 yep과 yeah가 있다.

A : Are you done with your dish?
다 먹었어?

B : Yep!
응!

Huh?

'응?', '네?'이며 문장 마지막에 상대의 동의를 구할 때 붙인다. 유사한
표현으로는 Eh?가 있다. 무언가 말이 안 되고 이해가 되지 않을 때 '뭐라는
거야?'란 의미의 감탄사로 사용된다.

It's hot, huh?
덥지, 그치?

Huh? What are you talking about?
응? 무슨 말을 하는 거야?

age like fine wine

와인은 시간이 지날수록 더 맛이 깊어지고 가격도 올라간다. 따라서 멋지게
나이 드는 것을 age like (a) fine wine이라고 한다. 반대로는 본문에 쓰여 있듯
age like spoiled milk라고 할 수 있는데 여기서 spoil은 '망치다' 혹은 '음식이
상하다'라고 할 때 사용된다. '음식이 썩다'를 직역하여 rot를 쓰는 경우가
많은데 자연스러운 원어민 표현으로는 spoil 또는 go bad가 있다.

George Clooney definitely aged like fine wine.
He is still hot at the age of 59.
조지 클루니는 아주 좋은 와인처럼 나이가 들었어. 나이 59살에도 여전히 섹시해.

1.

주어진 어휘를 이용해서 문장을 만들어 보세요.

1   겉만 보고 판단하지 마라. (judge)

_____

2   그건 비열한 짓이야. (low)

_____

3   너무 좋은 소식이다. (It is music)

_____

4   지긋지긋해. (sick)

_____

5   다음으로 미뤄도 될까? (Can we take)

_____

6   손바닥도 마주쳐야 소리가 난다. (tango)

_____

7   내 직감에 따르면 넌 틀렸어. (My guts)

_____

8   너 사랑에 눈이 멀었구나! (blind)

_____

9   비밀이니까 조심해. (cat)

_____

10   인생에는 가끔 예상치 못한 일들이 생기지. (curveball)

_____

정답 1   1) Don't judge a book by its cover. 2) That's a low blow. 3) It is music to my ears. 4) I'm sick of it. 5) Can we take a rain check? 6) It takes two to tango. 7) My guts tell me that you are wrong. 8) You are blinded by love. 9) Don't let the cat out of the bag. 10) Life sometimes throws you a curveball.

2.

같은 의미가 되도록 빈칸을 채워 보세요.

1   내 말이!

Tell _____!

2   이런 말 해서 미안하지만

I hate to _____

3   어려울 때를 대비해 돈을 모아라.

Save for a _____.

4   다행이야.

Thank _____.

5   그만해!

Cut _____!

6   돌아올 수 없는 강을 건너지 마.

_____ bridges.

7   한 번 바람피운 사람은 또 바람피워.

Once a _____.

8   나이는 숫자에 불과하다.

Age is _____.

9   급할수록 돌아가라.

Haste _____.

10   우리 허리띠를 졸라매야 해.

_____ our belts.

Day

51~60

A blessing in disguise

전화위복

'위장된 축복'이란 뜻으로 처음에는 불운이나 불행이라 여겼던 것이 나중에
시간이 지나고 보니 오히려 좋은 일이었다는 의미이다. 뼈저린 실패를 딛고
일어나 더 큰 성공을 이루거나 아픈 이별을 이겨내고 비로소 더 좋은 평생
배우자를 만나게 되는 것 등 말이다. 유사한 표현으로는 Everything happens
for a reason.과 Every cloud has a silver lining.이 있다.

Taylor I think meeting John was **a blessing in disguise.**

Harry Are you talking about your ex-husband? What makes you say that?

Taylor Now I have an eye for good men.

Harry No offense **but you really** had poor taste in men.

Taylor True and this whole experience made me a better and bigger person.

Harry So proud! Don't forget that I'm always rooting for you.

테일러 존을 만난 건 불행으로 위장된 축복이었던 것 같아.
해리 전 남편 말하는 거야? 왜 그런 생각을 했어?
테일러 이제는 좋은 남자를 보는 눈이 생겼어.
해리 상처 주려는 말은 아니지만 너 정말 남자 보는 눈 형편없었어.
테일러 사실이야. 그리고 이 모든 경험이 날 더 좋고 더 큰 사람으로 만들어 줬어.
해리 자랑스럽다! 내가 널 항상 응원한다는 거 잊지 마.

× · × · × · × · × · × · × · × · × · × · × · × · × · ×

EXPRESSION ● **What makes you say that?**

직역하면 '무엇이 너를 그렇게 말하게 만드느냐?'로 '왜 그런 생각을 하게
된 거야?'라는 뜻이다. make는 '만들다'란 뜻 외에도 어떠한 행동을 '하게
하다'는 뜻으로 사용되기도 한다.

IDIOM **have an eye for**

말 그대로 '안목이 있고 바른 판단을 내릴 수 있는 능력이 있다'는 뜻이다.

You really have an eye
for music.
음악에 대한 안목이 남다르시네요.

He has a good eye for detail.
그는 남이 보지 못하는 것을 보는
섬세함을 가지고 있어.

EXPRESSION **No offense.**

offense에는 '공격, 공격진'이란 뜻이 있다. 따라서 상대가 불쾌하게
받아들일 수 있는 것을 말하기 전에 No offense.라고 말하는 것을 흔히
볼 수 있는데 '악의는 없다', '공격할 의도는 없다', '상처 주려는 것은
아니라'란 뜻으로 사용된다. 좀 더 격식을 차린 표현으로는 with all due
respect가 있다.

No offense to your sister but she has to get a grip.
너의 여동생을 욕하려는 의도는 없지만 네 동생은 정신 좀 차려야 해.

EXPRESSION **have good[bad] taste in**

taste는 '맛'을 의미하기도 하지만 '일가견, 취향, 안목' 등을 의미하기도
한다. 따라서 안목이 좋을 경우 have good taste in (something)이라고
하며 보는 눈이 없을 경우 have bad[poor] taste in (something)이라고
할 수 있다.

We have the same taste in men.
우리는 남자 보는 눈이 같다.

She has poor taste in fashion.
그녀의 패션 취향은 별로야.

KONGLISH **'파이팅!'은 콩글리시다!**

대체할 수 있는 좋은 표현들 중 하나로 I'm rooting for you.가 있다.
'응원한다'는 말로 상대에게 힘을 주고 격려하는 표현이다. 비슷한 표현으로
You can do it! / Go for it! 등이 있다.

Everyone is rooting for you! Good luck tomorrow!
모두가 널 응원하고 있어! 내일 파이팅!

Up in the air

미정인

'공중에 붕 떠 있는'로 '아직 미정인', '확실하게 정해지지 않은'이란 뜻이다.
무언가를 아직 결정하지 못했을 때, 무엇을 해야 할지 아직 생각 중일 때
사용할 수 있다.

Sally   Got a plan for this weekend, Lora?

Lora   I was planning a little weekend getaway but
everything is still **up in the air.**

Sally   Adrienne and I are going to Vegas. Wanna
join?

Lora   I'm so down.

Sally   Let's have girl's night out!

Lora   What happens in Vegas stays in Vegas!

샐리   로라, 주말에 계획 있어?
로라   주말에 그냥 떠나려고 했는데 아직 모든 게 미정이야.
샐리   에이드리언이랑 나는 라스베이거스에 갈 건데 같이 갈래?
로라   완전 콜!
샐리   여자들끼리 신나게 놀자!
로라   라스베이거스에서 일어난 일은 라스베이거스에 남는 거야!

 **little**

little을 '작은'이라고만 알고 있는가? '하찮은', '별거 아닌' 등의 의미로도
많이 쓰인다.

"Take off your little mask! /
I want to talk to him about something little!"
"그 하찮은 마스크 벗어! /
나는 배트맨과 별거 아닌 것에 대해 이야기 나누고 싶어!"

– 조커가 배트맨에게 하는 대사 중

EXPRESSION • **weekend getaway**

getaway는 명사로 '도주', '휴가' 등을 의미한다. 따라서 weekend getaway는 '주말 동안 떠나는 짧은 여행'을 뜻한다. 'weekend getaway bag'를 검색하면 들고 다니는 사이즈의 여행 가방을 볼 수 있다.

Palm spring is one of the best places for weekend getaways.
팜 스프링은 주말 동안 잠시 떠날 수 있는 가장 좋은 곳 중 하나야.

EXPRESSION • **Wanna join?**

흔히 '쪼인하다'라고 말하듯 join은 '함께하다', '참석하다' 등의 의미로 쓰인다. Do you want to join?이지만 구어체에서는 Do를 생략하는 경우가 많으며 want to는 wanna로 발음한다.

Can I join you guys? 나도 함께해도 될까?

MOST MISTAKEN • **'콜!'을 영어로는?**

우리는 무언가에 동의할 때 흔히 '콜!'이라고 말하는데 이를 영어로 직역해서 Call!이라고 하는 것은 매우 어색하다. 올바른 표현은 I'm down. 또는 I'm up for it.이다.

I'm totally down for the movie tonight! 나 오늘 저녁 영화 완전 콜!

IDIOM • **girl's night out**

여자 친구들끼리 예쁘게 차려입고 함께 클럽이나 예쁜 곳에 가서 먹고 마시며 저녁 시간을 보내는 것을 의미한다.

We haven't gone on a girl's night out for a while! Let's plan it!
우리 여자들끼리 신나게 논 지 좀 됐어! 계획해 보자!

CULTURE • **What happens in Vegas stays in Vegas!**

Las Vegas(라스베이거스)는 Sin City(죄의 도시)로 유명하다. 마약과 파티 등이 난무하기에 '라스베이거스에서 일어난 일은 라스베이거스에 머무른다', 즉 '없던 일과 같다'는 뜻이다. 미친 듯이 마시고 놀며 실수해도 라스베이거스에서는 괜찮다는 말로 원어민들이 즐겨 쓰는 표현이다. 미국 전주에서 총각 파티나 생일 파티 등을 하러 라스베이거스로 가기도 하며 'The city never sleeps(잠들지 않는 도시)'라는 별명도 가지고 있다.

Knock out

곯아떨어지다

knock out은 흔히 우리에게 KO로 더 익숙하다. 복싱 관련 용어로 상대가 쓰러져 일어나지 못할 때 KO(녹아웃)되었다고 한다. 이외에도 knock out은 일상생활에서 너무 피곤해 쓰러져 잠이 들었을 때 사용되기도 한다. 녹아웃 될 정도로 정신을 못 차리고 잠을 잤다는 뜻이다. 명사로 사용될 경우 쓰러질 정도로 섹시하고 멋진 사람을 의미하기도 한다. **He is a knock out!**(그는 쓰러질 정도로 잘생겼어!), **She is a real knock out!**(그녀는 정말 섹시해!)

James   I couldn't get a hold of you last night. What happened?

Lora   I was knocked out as soon as I got home.

James   I thought you were ghosting me.

Lora   Oh, give me a break!

James   Well, you left me on read too!

Lora   Better than sleep texting like last time!

제임스   어젯밤에 왜 연락이 안 됐어? 어떻게 된 거야?
로라   집에 가자마자 쓰러져 잤어.
제임스   잠수 탄 줄 알았어.
로라   아, 그만 좀 해라!
제임스   음, 문자 읽고선 답장도 없고!
로라   저번처럼 잠결에 문자 보내고 기억 못 하는 것보다 낫지!

× · × · × · × · × · × · × · × · × · × · × · ×

IDIOM ●── **get ahold of (someone)**

말 그대로 '누군가를 붙들고 놓지 않다'를 의미하기도 하지만 '연락이 닿다'라는 의미로도 쓰인다.

I got ahold of Jenny.
나 제니랑 연락됐어.

• **'잠수를 타다'는 영어로?**

ghost는 '귀신'을 뜻한다. 보이지 않는다는 점에서 이와 유사하게 '잠수를 타다'를 영어로 ghost라고 한다.

I got ghosted by
my ex-boyfriend.
내 전 남자 친구는 잠수를 탔어.

I don't understand why
people ghost out of the blue.
난 왜 사람들이 갑자기 연락을 끊고
사라지는지 이해할 수가 없어.

• **Give me a break!**

'나에게 휴식을 달라', 즉 '날 너무 옥죄지 말고 편하게 해 달라'는 뜻으로 '그만 좀 해', '적당히 해', '좀 봐줘' 등을 의미한다. 또한 상대가 한 말이 믿어지지 않을 때도 사용된다.

Mom: Are you done cleaning your room?
           방 다 치웠니?
Daughter: Oh, Mom! Give me a break! I'm on it!
           엄마! 제발 좀! 지금 하고 있어!

• **'읽씹'은 영어로?**

left on read는 '읽씹을 당하다', 즉 '상대가 내 메시지를 읽고 답장을 하지 않는 것'을 의미한다. 카톡이나 메시지를 읽지도 않고 확인하지 않는 것, 즉 '안읽씹'은 left unread라고 한다.

Better left unread than dead. Don't text and drive.
읽지 않고 씹는 게 죽는 것보다 나아. 문자 보내면서 운전하지 마.

• **sleep texting**

잠결에 문자나 카톡을 보내고 다음 날 기억을 못 하는 행위를 의미한다. 대부분 잠꼬대하는 것처럼 말도 안 되고 뜬금없는 문자를 보내거나 동문서답하는 것이다.

You took the words right out of my mouth

내가 하려던 말이 바로 그거야

'내가 하고 싶었던 내 입 속에 있던 말을 낚아챘다', 즉 내가 하고 싶었던 말을 상대가 먼저 했을 때 '내가 딱 그 말을 하려고 했어'의 의미로 사용된다. 또한 전적으로 동의한다는 뜻으로 '내 말이 바로 그 말이야'가 되기도 한다. 유사한 표현으로는 I was just about to say that.이 있다.

Aran　You look gorgeous in every photo!

Lora　You took the words right out of my mouth! You pull off every style so perfectly.

Aran　How do you manage your time to do everything you do?

Lora　That's been my question for you! You inspire me in every way.

Aran　Thank you for saying that.

Lora　I would like to follow in your footsteps.

아란　모든 사진이 다 너무 예뻐요!
로라　그건 제가 하려던 말이에요! 아란 씨는 모든 스타일을 다 완벽히 소화해요.
아란　하시는 일을 다 하는데 어떻게 시간 관리를 하세요?
로라　제가 묻고 싶은 거였어요! 아란 씨는 저에게 모든 면에서 영감을 주세요.
아란　그렇게 말씀해 주시니 감사합니다.
로라　가시는 그 길을 따라가고 싶어요.

× · × · × · × · × · × · × · × · × · × · × · ×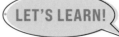

EXPRESSION ● **gorgeous**

원어민들을 '아주 멋진', '아름다운'의 뜻인 gorgeous를 리액션으로도 많이 사용한다. beautiful보다 훨씬 더 과장된 표현이다. very good 외에 fabulous, fantastic, stunning, excellent, perfect 등 다양한 표현들을 사용해 보자.

Newport beach is gorgeous!
뉴포트 해변은 너무나 아름다워!

pull off

'차를 세우기 위해 도로를 벗어나다', '고속도로에서 빠져나가다', '잡아 뜯다', '어려운 일을 해내다', '성사시키다', '소화하다' 등 다양한 의미로 쓰인다.

Pull off the highway at Culver.
컬버에서 고속도로를 빠져나가세요.

I pulled off the road because I think I'm lost.
길을 잃은 것 같아서 차를 갓길에 세웠어.

Congrats! You pulled off a million-dollar deal!
축하해요! 100만 달러의 거래를 성사시키셨어요!

in every way

'각 방면에', '모든 면에서'란 뜻이다. every 뒤에는 복수 명사가 아닌 단수 명사가 와야 한다는 것을 기억하자!

We are getting better in every way as we get old.
우리는 나이가 들면서 모든 방면에서 더 나아지고 있어요.

I will help you in every way possible.
내가 가능한 모든 방면에서 도움을 줄게.

follow in one's footsteps

footsteps는 '발자취'로 걸어간 흔적을 의미하지만 지나 온 과거의 행적을 비유적으로 이르기도 한다. 누군가의 발자취를 따라간다는 의미로 '우러러보는 상대나 가족의 뒤를 따라간다'는 뜻이다.

I don't want my son to follow in my footsteps and be a doctor.
I just want him happy.
나는 내 아들이 내 뒤를 이어 의사가 되는 걸 원치 않아.
그저 그 아이가 행복하면 좋겠어.

I want to follow in Jesus's footsteps by loving others.
나는 다른 이들을 사랑함으로써 예수가 가시던 길을 따라가고 싶다.

On the tip of my tongue

생각이 날 듯 말 듯하다

'혀끝에 있다', 즉 입 안에서 맴돌다는 뜻으로 '생각이 날 듯 말 듯 하다'라는
의미이다. 영화 제목이나 사람의 이름이 기억이 날 듯 말 듯 하나 막상
기억이 나지 않을 때 사용할 수 있다. 또는 하고 싶은 말이나 질문이 목까지
차올랐으나 하지 않고 꾹 참았을 때 사용할 수도 있다.

Sam   I ran across one of your friends the other
      day.

Lora Who?

Sam   Her name is on the tip of my tongue. She
      works for whatchamacallit...

Lora Anna? Sarah?

Sam   Argh, I can't think of her name off the top of
      my head.

Lora It's OK. It happens all the time.

샘   나 얼마 전에 네 친구 우연히 마주쳤어.
로라   누구?
샘   이름이 생각이 날 듯 말 듯 한데. 그 뭐지, 거기 일하는데.
로라   애나? 세라?
샘   아, 이름이 바로 생각이 안 나네.
로라   괜찮아. 항상 있는 일이지.

 **LET'S LEARN!**

 EXPRESSION ➞ **run across**

'우연히 마주치다', '우연하게 발견하다'라는 뜻이다. 말 그대로 '도로를
건너다'는 의미로도 사용된다. 유사한 표현으로는 run into, bump into,
come across가 있다.

Run across the street and you will see me.
길을 건너면 내가 보일 거야.

I ran across a 100-dollar bill and I was thrilled but decided to report it.
우연히 100불을 주워서 너무 신났었는데 신고하기로 결정했어.

SPOKEN ENG ● **whatchamacallit**

구어체에서 '그, 뭐라 하지?', '거시기 그 뭐였더라'의 의미로 What you may call it?을 빠르게 하나의 단어로 붙여 whatchamacallit이라고 한다. 사람이나 물건의 이름이 생각나지 않을 때 주로 혼잣말로 사용되는데 이 표현을 모르면 영어 같이 들리지 않아 당황할 수 있다. 유사한 표현으로는 What do you call it?이 있다.

A: Could you hand me, that... you know, whatchamacallit. Um...
　　나 그것 좀 줄래, 알지, 그거 뭐라 하지. 음…
B: Hand you what?
　　뭘 달라고?

EXCLAMATION ● **argh**

'악', '으악', '헉' 등의 감탄사이다. 짜증, 화, 두려움 등을 표현할 때 사용된다. 유사한 표현으로는 ugh가 있다.

Argh! This is so aggravating!	Ugh, I'm so sick of this.
악! 이건 정말 화가 나!	으, 정말 징글징글하다.

IDIOM ● **off the top of my head**

많은 시간을 들여 생각하지 않고 바로 즉흥적으로 떠오르는 생각이나 아이디어를 의미한다. 본문에서처럼 지금 당장 기억나지 않거나 지금 당장은 모를 때 사용할 수 있다.

Off the top of my head, I think about 10 people are coming.
당장 대충 생각나기론 10명 정도 오는 것 같아.

I don't exactly know off the top of my head.
정확하게 바로 떠오르지는 않아.

On a power trip

갑질하다

'갑질'은 고유명사로 사용된다는 말도 있지만 이 표현을 사용할 수 있다. 내가 다른 사람보다 낫다고 생각해서 못되게 굴거나 화를 내고 남을 괴롭히는 것을 의미한다. 자신의 가진 권력을 이용해 불법적인 행위나 비도덕적인 행위를 하는 것은 abuse one's power(권력을 남용하다)이라고 할 수 있다. 모든 인간은 존중받아 마땅하며 평등한 존재임을 잊지 말자.

Christina   It is obnoxious how Jenny bosses us around these days.

James   She has changed after making it as an influencer on Instagram.

Christina   I think she is on a power trip.

James   I'm happy for her but we have no reason to be treated this way.

Christina   We should talk it out. Let her know how we feel.

James   Yeah, we should.

크리스티나   제니가 요즘 우리한테 이래라저래라 하는 거 어이없어.
제임스   인스타에서 인플루언서로 성공하더니 변했어.
크리스티나   갑질하는 것 같아.
제임스   정말 제니가 잘돼서 좋아. 하지만 우리가 이런 대접을 받을 이유는 없지.
크리스티나   속 이야기를 털어놔 보자. 우리가 어떻게 느끼는지 알려 주고.
제임스   응, 그래야지.

× · × · × · × · × · × · × · × · × · × · × · ×   

EXPRESSION → **obnoxious**

obnoxious는 매우 불쾌하고 무례한 것을 의미한다. '어이없다'는 ridiculous, absurd 등으로도 대체 할 수 있는데 불쾌함으로 어이없는 강도가 매우 높을 경우 이 표현을 사용할 수 있다.

I can't stand his obnoxious behavior.
나는 그의 어이없을 정도로 불쾌한 행동을 견딜 수 없어.

IDIOM ● boss (someone) around

마치 boss(상사)라도 되는 것처럼 이래라저래라 하는 것을 boss around라고 한다. 물론 말 그대로 윗사람이 명령을 내리고 주문을 내리는 것을 의미하기도 한다.

Don't boss me around!	Ken bosses his employees around as a person in charge.
나한테 이래라저래라 하지 마!	담당자로서 켄은 자신의 직원들에게 명령을 내린다.

EXPRESSION ● I'm happy for (someone).

이 표현은 누군가를 축하할 때 리액션으로 흔히 사용되는데, 상대가 기쁜 소식을 전했을 때 네가 행복하니 나도 행복하다는 뉘앙스로 '좋다', '좋겠다', '잘됐다'로 해석할 수 있다. happy를 다양한 표현으로 바꿔 응용해 보자.

A: I finally passed the exam!
드디어 시험에 통과했어!

B: Congrats! I'm so happy for you!
축하해! 정말 잘됐다!

I'm truly excited for Anna that she found her better half.
나는 애나가 자신의 반쪽을 찾게 되어 너무 신나.

I'm sad for you.
안됐다.

EXPRESSION ● talk it out

out에 '밖으로 꺼내다'라는 의미가 있듯이 talk it out은 안에 있는 속마음을 솔직하게 터놓고 이야기를 나누는 것을 의미한다. 나아가 문맥과 상황에 따라서 이야기를 나눔으로 서로 앙금을 푼다는 뉘앙스도 있다.

We talked it out. We are okay now.
우리 이야기하면서 풀었어. 우리 이제 괜찮아.

Bend over backwards

안간힘을 쓰다

말 그대로 '몸을 거꾸로 구부리다'를 뜻하기도 하지만 비유적으로 사용되어 무언가를 성취하기 위해 '최선을 다한다'는 의미이다. 몸을 거꾸로 구부리는 것은 상상만 해도 어렵지 않은가? 보통 노력으로는 자세를 유지하기가 결코 쉽지 않을 것이다. 따라서 특히 누군가에게 도움이 되기 위해 필사적인 노력을 하는 것 또는 상대를 기쁘게 하기 위해 할 수 있는 모든 것을 하는 것을 뜻한다.

Casey   Kevin, the newbie, seems like a total suck-up.

Dan   He really **bends over backwards** to please everyone.

Casey   Exactly!

Dan   But in a way I also think he could just be a nice guy by nature.

Casey   Well, I think he is a total people pleaser.

Dan   Let's not be so quick to judge. After all we don't really know him.

케이시   신입 케빈 완전 아첨쟁이인 것 같아.
댄   모든 사람들 기분 좋게 하려고 진짜 안간힘을 쓰더라.
케이시   맞아!
댄   하지만 어떤 면에서는 그가 그냥 원래 친절한 사람일 수도 있다고 생각해.
케이시   음, 난 그냥 완전 비위 맞추는 사람 같은데.
댄   너무 속단하지 말자. 어쨌든 우리는 그를 잘 모르니까.

× · × · × · × · × · × · × · × · × · × · × · ×

SLANG • **newbie**

사실 이 표현은 noob(초짜)라는 표현과 함께 인터넷 게임이나 컴퓨터를 다뤄 본 경험이 없는 사람을 의미하여 부정적인 뉘앙스를 가지고 있기도 하다. 하지만 상황과 문맥에 따라 '신입생'이나 '신입 사원', '새로운 분야에 막 발을 담근 사람'을 의미하기도 한다.

I'm a freshman. I'm a newbie!
저는 1학년입니다. 신입생입니다!

SLANG **suck-up**

'개인의 이익을 취하기 위해, 누군가의 맘에 들기 위해 아첨하는 사람'을
의미하며 명사로도 동사로도 사용할 수 있다. 유사한 표현으로는 비속어인
ass-kisser이 있다.

I can't stand those suck-ups in our team.	Stop sucking up to your professor to get an A!
난 우리 팀의 저 아첨쟁이들을 견딜 수 없어.	A 받으려고 교수님한테 아첨하지 마!

EXPRESSION **by nature**

'자연적으로', 즉 '원래', '태어날 때부터', '선천적으로'란 뜻이다.

She is not an evil person by nature. She is conditioned by her environment.
그녀는 본래 악한 사람은 아니야. 그녀의 환경의 의해 그렇게 된 거지.

EXPRESSION **people pleaser**

'사람들을 기쁘게 하는 사람', 즉 자신보다 다른 사람들의 시선을 더 많이 신경
쓰며 '남의 비위를 맞추는 사람'을 의미한다. 대부분 거절을 잘하지 못하고
끌려다닌다.

Don't be a people pleaser. You can't please everyone.
Just be yourself.
다른 사람 비위 맞추지 마. 모든 사람을 기쁘게 할 수는 없어. 그냥 너답게 행동해.

EXPRESSION **after all**

직역하면 안 되는 표현으로 (존재했던 문제나 예상과 달리) '결국에는',
'어쨌든', '이러니저러니 해도 역시'란 의미이다. 또는 앞서 말한 것이
사실이란 것을 강조하기 위해 문장 끝에 붙여 주기도 한다.

We won the game after all. Who would've known?	I love you after all.
이러니저러니 해도 결국 우리가 이겼어. 누가 알았겠어?	나는 널 사랑해. 사실이야

Sweep under the rug

문제를 덮다

'먼지를 빗자루로 쓸어 카펫 밑에 숨겨 둔다'로 이 표현은 부끄럽고 평판에 금이 갈 수 있는 나쁜 일을 비밀로 덮고 숨기는 것을 의미한다. 문제를 마주하고 대처하기보다 문제가 없는 것처럼 무시하는 것을 뜻하기도 한다. 유사한 표현으로 sweep under the carpet이 있다.

Camille   Taylor lost it the other day.

Henry   It is my 3rd time seeing her having a mental breakdown.

Camille   Her problem with her husband seems like an elephant in the room, but can we all talk about it?

Henry   It just can't be swept under the rug like this.

Camille   She talks about getting a divorce and 5 min later plans a family trip.

Henry   I know. We are all confused.

카밀리   저번에 테일러가 이성을 잃었어.
헨리   그녀의 멘탈이 나가는 걸 본 게 세 번째야.
카밀리   남편과의 문제는 언급하기 꺼리는 것 같지만, 모두 함께 이야기 나눠 보는 건 어때?
헨리   그게 이렇게 조용히 덮어지지 않지.
카밀리   이혼할 거라고 말하다가 5분 후엔 가족 여행을 계획해.
헨리   내 말이. 우리 모두 혼란스러워하고 있어.

× · × · × · × · × · × · × · × · × · × · × · × 

IDIOM ▸ **lose it**

lose는 '잃다'는 뜻이지만 lose it은 '이성을 잃고 미친 듯이 화내거나, 울거나, 웃는 것'을 의미한다.

I lost it when he left me.
그가 떠났을 때 나는 이성을 잃었다.

I don't remember last night.
I just lost it and went crazy.
어젯밤 기억이 안 나. 이성을 잃고 미쳤었어.

3rd time

'세 번째'는 three time(3번)이 아니다. 첫 번째는 first(1st), 두 번째는 second(2nd), 세 번째는 third(3rd)이며 그다음부터는 fourth, fifth, sixth, seventh…로 뒤에 th를 붙여 준다.

Halloween is 31st of October.
핼러윈은 10월 31일이야.

I woke up at three o'clock in the morning. *three time(x)
나는 새벽 3시에 일어났어.

'멘붕'은 영어로?

바로 'mental(정신) breakdown(붕괴)'이다. 정신적으로 너무 힘들어 하는 것에서부터 일상생활을 할 수 없고 공황장애나 우울증을 호소하는 것까지 포괄한다. '멘붕'이라는 표현은 다소 가볍게 사용되지만 영어로는 더 무겁고 심각한 뉘앙스를 가지고 있다. 유사한 표현으로는 nervous breakdown 이 있다.

Because I had a mental breakdown I cried and screamed for hours.
멘붕이 와서 몇 시간 동안 울고불고 소리를 질렀다.

I suffered a nervous breakdown last year. I barely slept, went out and talked.
나는 작년에 신경쇠약을 앓았다. 거의 잠을 자지 않았고, 밖에 나가지도 않고 말도 하지 않았다.

an elephant in the room

큰 코끼리가 방에 있다면 모를 수 없고 못 볼 수 없을 것이다. 그만큼 심각하고 명백한 문제나 어려운 상황이 있는데, 모두가 알고 있음에도 쉬쉬하고 아무도 언급하지 않는 문제나 이슈를 의미한다.

Taylor being the victim of domestic violence is an elephant in the room. She just wants to sweep it under the rug.
테일러가 가정 폭력의 피해자라는 것은 모두가 알지만 아무도 쉽게 꺼내어 이야기할 수 없는 문제이다. 그녀는 그저 이 문제를 조용히 덮어 두기를 원한다.

I saw it coming

내 그럴 줄 알았어

원래는 **I saw it coming a mile away**.인데 대부분 a mile away를
생략하고 사용한다. '어떠한 상황이 올 것이라 이미 알고 있었고 기대하고
있었기에 놀랍지 않다'는 뜻이다. 부정적인 의미로도 긍정적인 의미로도
사용되며 I didn't see it coming.(난 이럴 줄 몰랐어.), I should have
seen it coming.(이런 일이 일어날 거라 예상했어야 했어.) 등 일상생활에서
다양하게 자주 사용된다.

Jackson   Have you seen the news about Irene, the
          K-POP star?

Lora   It came as no surprise. **I kind of saw it
          coming.**

Jackson   Give me the inside scoop! You are in the
          industry.

Lora   I would rather not say.

Jackson   You can't just brush over it like that. I want
          details!

Lora   Since I didn't see it with my own eyes
          I shouldn't be talking about it.

잭슨   케이팝 스타 아이린에 대한 뉴스 봤어?
로라   별로 놀라지도 않았어. 살짝 그럴 줄 알았어.
잭슨   정확하게 말해 봐! 넌 그 분야에 있잖아.
로라   말을 안 하는 게 나을 것 같아.
잭슨   그냥 그렇게만 말하고 말 안 해 주는 게 어디 있어. 자세히 말해 봐!
로라   내 두 눈으로 본 게 아니기 때문에 그 이야기는 안 하는 게 좋을 것 같아.

× · × · × · × · × · × · × · × · × · × · × · ×

IDIOM ● **It came as no surprise.**

'어떠한 일이 일어난 것에 대해 또는 알게 된 사실이 전혀 놀랍지 않다'는
뜻이다. I saw it coming.의 유사한 표현이다.

Their divorce came as no surprise.
그들의 이혼은 전혀 놀랍지 않아.

EXPRESSION ● the inside scoop

내부 사람들만 혹은 가까운 지인들만 알 수 있는 정보나 소식을 의미한다.
scoop은 한 숟가락의 양이나 아이스크림을 덜 때 사용하는 '국자처럼 생긴
숟가락'을 의미하기도 하지만 '특종 기사'를 의미하기도 한다.

Since she is everyone's best friend she always has the inside scoop.	Can I have a single scoop of chocolate?
그녀는 모두의 절친이기에 항상 가까운 지인들만 알 수 있는 정보를 알고 있다.	초콜릿 아이스크림 한 스쿠프 주세요.

IDIOM ● brush over

'칠하다'라는 뜻도 있지만 '무언가를 살짝 다룬다'는 의미도 있다. 대충
이야기하고 넘어가거나, 아주 최소한의 정보만 언급하는 것을 뜻하며 '많은
신경을 쓰지 않고 무시한다'는 의미도 포괄하고 있다.

You can't just brush over the fact why you couldn't make it to my birthday party.	Let's just brush over the result and move on to the next subject.
왜 내 생일 파티에 올 수 없었는지 대충 이야기하고 넘길 수는 없지.	결과에 대해 살짝 다루고 다음 주제로 넘어갑시다.

EXPRESSION ● see (something) with one's own eyes

말 그대로 '직접 눈으로 본 것'을 의미한다. 직접 내 귀로 들은 것은 hear
(something) with own ears이다. 이 두 표현은 대부분 어떠한 존재나
사실을 믿지 못할 때 본문에서처럼 부정으로 많이 사용된다. 따라서 반대로
무언가를 증명하기 위해 내가 산 증인이라는 것을 강조할 때 긍정으로
사용되기도 한다.

I don't believe anything before I see it with my own eyes.
나는 내 두 눈으로 보기 전에는 아무것도 믿지 않아.

Count your blessings

받은 축복을 세어 보아라

blessing은 '축복'을 의미한다. 미국 문화에서 bless(축복)라는 표현은 매우 중요하다. 미국 대통령의 연설 마지막에 단골로 등장하는 표현 중 하나가 "God bless America!"이며 재채기를 한 사람에게는 모르는 사람이더라도 "Bless you!"라고 말해 주는 게 예의다. 힘들고 절망적일 때 그럼에도 불구하고 내가 가진 것, 감사한 것을 떠올려 보라고 한다. 이것이 바로 Count your blessings.이다. 오늘은 우리 모두 함께 살아 있음, 그 자체에 감사해 보자.

Jess　　What have you been up to lately?

Brandy　I've hit rock bottom and I'm trying to survive.

Jess　　I'm so sorry. I had no idea.

Brandy　I've been physically and mentally drained.

Jess　　Please remember that you are never alone. Reach out and we are here.

Brandy　Thank you. I'm just trying to count my blessings.

제스　　요즘 뭐 하고 지냈어?
브랜디　바닥을 치고 살아남으려고 노력 중이야.
제스　　아이고 어떡해. 전혀 몰랐어.
브랜디　육체적으로 정신적으로 지쳐 있어.
제스　　넌 혼자가 아니란 걸 꼭 기억해 줘. 손을 뻗으면 우린 여기 있어.
브랜디　고마워. 그냥 내가 가진 것들에 감사하려고 노력하는 중이야.

× × × × × × × × × × × × × ×　 LET'S LEARN!　

EXPRESSION → **What have you been up to?**

What are you up to?는 '지금 무엇을 하느냐?' 또는 '어떻게 뭐 하고 지내냐?'는 뜻으로 원어민들이 즐겨 쓰는 표현이다. 따라서 현재완료 What have you been up to?는 '그동안 무엇을 하고 지냈냐?'가 된다. How are you? / What's up? 외에 네이티브처럼 다양하게 사용해 보자.

What are you up to right now? Wanna hang out?
너 지금 뭐 해? 놀래?

MOST MISTAKEN • **lately**

lately는 '최근에', '얼마 전에'라는 뜻이다. 많은 한국인이 가장 많이 실수하는 것 중 하나가 lately를 late의 부사로 사용하는 것이다. late(늦은)의 부사는 late(늦게)이다.

I slept late last night. I slept lately.(X) 나 어제 늦게 잤어.	I haven't been sleeping a lot lately. 요즘 잠을 많이 못 자고 있어.

IDIOM • **hit rock bottom**

rock bottom은 말 그대로 '땅끝'을 의미한다. 따라서 이 표현은 '바닥을 치다'란 의미로 더 이상 밑으로 내려갈 수 없을 정도의 최악의 상황에서 고군분투하는 것, 또는 무언가가 바닥까지 추락하는 것을 의미한다.

Stock market hit rock bottom due to the pandemic.
팬데믹으로 인해 주식 시장이 바닥을 쳤다.

EXPRESSION • **drained**

'배수구로 물 등이 빠진' 것을 의미하며 비유적으로 '힘, 기운 정신 등이 빠진'의 의미로도 사용된다.

I always feel so drained after meeting new people.
나는 새로운 사람들을 만난 후엔 항상 진이 빠져.

IDIOM • **reach out**

말 그대로 '손을 뻗는 것'을 의미하기도 하며 '연락을 취하는 것'을 뜻하는데 대부분 누군가에게 도움을 요청할 때 사용된다. '도움을 준다'는 뜻도 있으니 기억하자!

We all need to reach out to people in need.
우리는 어려움에 처한 사람들에게 손을 뻗어 도움을 줘야 한다.

1.

주어진 어휘를 이용해서 문장을 만들어 보세요.

1   내 그럴 줄 알았어. (I saw)

_____

2   나 바닥을 쳤어. (I've hit)

_____

3   난 네가 잠수 탄 줄 알았어. (I thought)

_____

4   우리 이야기해서 풀자. (talk)

_____

5   당신은 모든 스타일을 소화하는군요. (pull)

_____

6   나 쓰러져 잤어. (knock)

_____

7   테일러가 이성을 잃었어. (lose)

_____

8   난 콜! (I'm)

_____

9   내가 하려던 말이 바로 그거야! (You took)

_____

10   파이팅! (root)

_____

2. 같은 의미가 되도록 빈칸을 채워 보세요.

1 거시기 그게 뭐지

W______________________

2 비위 맞추는 사람

People ______________________

3 전화위복

A blessing ______________________

4 도움의 손을 뻗다

______________________ out

5 안간힘을 쓰다

______________________ backwards

6 갑질하다

On ______________________

7 받은 축복을 세어 보아라.

Count ______________________.

8 아직 확실하지 않아.

It's up ______________________.

9 문제를 덮다, 비밀로 하다

Sweep ______________________

10 생각이 날 듯 말 듯 하다.

It's on the tip of ______________________.

정답 2 1) Whatchamacallit 2) pleaser 3) in disguise 4) Reach 5) bend over 6) a power trip 7) your blessings 8) in the air 9) under the rug 10) my tongue

Day

61~70

You look young for your age

동안이시네요

말 그대로 '나이에 비해 어려 보인다'는 뜻이다. 누군가의 외모를 칭찬하고 싶을 때 사용할 수 있는 좋은 표현 중 하나이지만 너무 젊은 사람에게 이 표현을 사용하면 '그럼 내가 나이가 들어 보인다는 것이냐'고 반응할 수도 있으니 주의하자. 비슷한 표현으로 You look great for your age. 또는 You don't look your age. 등이 있다.

Taylor	Lora, this is John. John, this is Lora.
Lora	Pleasure meeting you. I've heard a lot about you.
John	Nice to meet you. Wow, you look young for your age!
Lora	Thank you! You've just made my day.
John	I heard you are a social butterfly.
Lora	Yes, I'm a bit of people person.

테일러	로라, 이쪽은 존이고. 존, 이쪽은 로라야.
로라	만나서 반가워요. 이야기 많이 들었어요.
존	만나서 반가워요. 와, 동안이시네요!
로라	감사해요! 덕분에 기분이 너무 좋네요.
존	굉장히 발도 넓고 어울리는 거 좋아하신다고 들었어요.
로라	네, 제가 사람을 좀 좋아해요.

× · × · × · × · × · × · × · × · × · × · × · × · ×

MOST MISTAKEN ● **This is ~.**

누군가를 소개할 때 한국인들이 가장 많이 실수하는 것 중 하나가 바로 She/He is ~를 사용하는 것이다. 우리말로 소개할 때도 '그녀는/그는'이 아닌 '이쪽은', '여기는'이 올바른 표현인 것처럼 영어에서도 This is

~를 사용해야 한다. 전화를 받을 때도 I'm Lora.(X)가 아닌 This is Lora.(로라입니다)가 올바른 표현이다.

Hello, this is Lora speaking. How may I help you?
여보세요, 로라입니다. 어떻게 도와드릴까요?

IDIOM • You made my day.

'당신이 나의 날을 만들어 주었다', 즉 '덕분에 나의 하루가 행복해졌다'는 뜻이다. 누군가가 나에게 칭찬을 해 주었거나, 친절을 베풀었거나, 기분 좋은 제스처를 취했다면 Thank you! 대신 원어민처럼 You made my day.라고 말해 보자. 요즘은 Social Media에서 유머러스한 포스트에 이 표현을 줄여 YMMD(덕분에 웃었다)라고 댓글을 남기는 걸 자주 볼 수 있다.

Thank you for coffee. I needed it. You've made my day!
커피 고마워. 필요했었는데. 덕분에 행복해!

Those beautiful flowers from my boyfriend totally made my day yesterday.
어제 남자 친구가 준 저 아름다운 꽃 덕분에 기분 좋았어.

EXPRESSION • social butterfly

성격이 좋아 사교성이 좋고, 마당발이며 여러 성격의 사람들과 모두 잘 어울리는 사람을 의미한다. popular(인기가 많은)로도 대체할 수 있다.

Bob is a social butterfly. He gets along with everyone.
밥은 사교성이 좋아. 모든 사람들이랑 잘 어울려.

EXPRESSION • people person

people person은 '사람을 좋아하는 사람'이란 뜻이다. person 앞에 다양한 명사를 붙여 '~을 좋아하는 사람'이라고 말할 수 있다.

Are you a cat person or dog person?
넌 고양이를 좋아해, 아니면 강아지를 좋아해?

I'm not a beer person. I'm more of a wine person.
난 맥주를 좋아하지 않아. 난 와인을 좀 더 좋아해.

Drink like a fish

술고래다

물고기가 물을 마시는 것처럼 술을 많이 마시는 '술고래'란 뜻이거나
엄청나게 많은 양의 술을 마셨다는 뜻이다. 따라서 이 표현을 사용하여
누군가를 묘사한다면 습관적으로 자주 술을 마신다는 부정적인 의미가
포함되어 있다. 하지만 한 번의 해프닝으로 특별한 날 술을 많이 마셨다는
의미로도 사용될 수 있다. 대부분 술을 의미하지만 물이나 다른 음료가 될
수 있다.

Kyle   I drank like a fish last night and I'm dying.

Lora   You must have a horrible hangover. How much did you drink?

Kyle   Not much actually. I'm a cheap drunk so I usually don't drink.

Lora   Really? I thought you are a heavy drinker.

Kyle   I get that a lot. I'm just a social drinker.

Lora   Now I know. Let's go nurse your hangover!

카일   어젯밤에 술을 너무 많이 마셨더니 죽겠어.
로라   숙취가 장난 아니겠네. 얼마나 마셨어?
카일   사실 별로 안 마셨어. 나 술 약해서 잘 안 마셔.
로라   진짜? 난 너 술 많이 마시는 줄 알았어.
카일   그런 말 많이 들어. 난 술을 좋아하는 게 아니라 술자리를 좋아해.
로라   이제 알았네. 숙취 해결하러 가자!

× · × · × · × · × · × · × · × · × · × · × 

 **I'm dying ~**

본문에서처럼 배고파서, 아파서, 화가 나서, 일에 치여서 등 여러 상황에서
힘들어 '죽겠다'는 뜻이다. 하지만 <I'm dying+to 부정사> 혹은 <I'm
dying for+명사>로 사용될 경우 '~하고 싶어 죽겠다' 또는 '~을 너무 원하고
갖고 싶다'는 의미가 된다.

I'm dying to see you.
너가 보고 싶어 죽겠어.

I'm dying for a Porsche.
포르쉐가 너무 갖고 싶어 죽겠어.

IDIOM • **cheap drunk**

요즘 말로 '알코올 쓰레기(알쓰)'란 뜻이다. 술을 조금만 마셔도 취하는 사람을 의미한다.

EXPRESSION • **I get that a lot.**

'나는 그것을 많이 받는다', 즉 '그런 말을 자주 듣는다'는 뜻이다.

A: Wow, you have beautiful eyes!
와, 아름다운 눈을 가지셨네요!
B: I get that a lot.
그런 말 자주 들어요.

EXPRESSION • **social drinker**

'사교 음주가'로 특별한 날이나 사회생활 또는 사교를 위해 적당히 술을 마시는 사람을 의미한다. 나아가 원래 담배를 피우지는 않지만 특별한 날이나 사회생활을 위해서만 담배를 피우는 사람을 일컬어 social smoker라고 한다.

EXPRESSION • **nurse one's hangover**

hangover은 '숙취'를 의미한다. 우리는 숙취를 해소한다고 하지만 영어에서는 숙취를 간호하거나 치료한다고 하여 동사 nurse나 cure를 사용한다.

I eat a burger or drink milk to nurse my hangover.
나는 숙취를 해소하기 위해 햄버거를 먹거나 우유를 마신다.

How do you usually nurse your hangover?
넌 보통 어떻게 해장해?

Getting plenty of sleep is the best hangover cure.
잠을 많이 자는 것이 가장 좋은 숙취 해소법이다.

I'm all ears

들을 준비가 됐어 / 잘 듣고 있어

나는 전부 귀다? 그 정도로 귀를 쫑긋 세우고 열심히 듣고 있거나
들을 준비가 되어 있다는 뜻이다. '내가 잘 들을 테니 걱정하지 말고
이야기해라'라는 뜻으로도 사용된다. 상황과 문맥에 따라서 의미가 조금씩
달라질 수 있다. 남의 이야기를 잘 귀담아듣는 것은 덕목 중 하나라고 한다.

Boss	Jill, are you following me?
Jill	Yes, I'm all ears, sir.
Boss	Recap what I've just said.
Jill	Sorry, I zoned out for a sec.
Boss	Let's call it a day. I'm a bit tired too.
Jill	(I'm so doomed...)

상사	질, 지금 듣고 이해하고 있는 건가?
질	네, 잘 듣고 있습니다.
상사	내가 방금 한 말을 요약해서 다시 말해 보게.
질	죄송합니다. 잠깐 멍하게 있었습니다.
상사	오늘은 여기까지 하지. 나도 조금 피곤하군.
질	(난 망했다….)

 **LET'S LEARN!**

EXPRESSION ● **Are you following me?**

말 그대로 '나를 따라오고 있냐?'는 질문이기도 하지만 '지금 내가 하는 말을
잘 듣고 이해하고 있느냐?'는 뜻으로도 사용된다.

Wait, I'm not following you.
잠시만요, 무슨 말씀을 하시는지 잘 모르겠어요.

• **recap**

recapitulate의 준말로 '개괄하다', '정리하다'라는 뜻이다. 전체적인
내용에서 중요한 요점만 뽑아 다루는 것을 의미하며 '복습하다'는 뜻으로도
사용된다.

Let's briefly recap on the last | Watch a recap on season 2
meeting we had. | before starting season 3.
짧게 지난번 미팅의 요점을 정리해 보자. | 시즌3를 시작하기 전에 시즌2의 짧게
| 정리된 줄거리를 봐.

• **zone out**

'잠이 들다', '의식을 잃다', '멍해지다' 등의 뜻이 있지만 '멍때린다'는
의미로 가장 많이 쓰인다. 유사한 표현으로는 space out이 있다.

Hey! You can't zone out on me. | I just zone out when he talks.
야! 너 지금 내 이야기 집중 안 하고 | 난 그가 말할 때 그냥 멍때려.
멍때리면 안 돼. |

• **call it a day**

하고 있는 일을 충분히 했거나 쉬고 싶기에 그만하는 것을 의미한다. '이제
마무리하자', '그만하자', '여기까지 하자' 등을 뜻한다. 유사한 표현으로
call it a night가 있지만 이제 그만 자러 가기 위해, 하루를 마무리하기 위해
일을 마무리하자는 뉘앙스를 가지고 있다.

I'm going to call it a night and go to bed early.
I have a big day ahead of me.
마무리하고 일찍 잘 거야. 내일 중요한 일이 있어.

• **doomed**

'불운한'이란 의미로 '망했다', '죽었다'라는 뜻이다. '결과가 좋지 않거나
실패할 운명을 가지고 있다' 또는 '저주받은' 등 여러 가지 뜻이 있지만
일상생활에서는 '끝장났다'는 의미로 본문에서처럼 비유적으로 자주
사용된다.

Every Jack has his Jill

Day 64

짚신도 짝이 있다

<Jack and Jill>이라는 너무나 유명한 어린이 동요가 있으며 흔한 남자와 여자의 이름으로 철수와 영희처럼 평범한 남녀를 의미한다. '모든 Jack에게는 그의 Jill이 있다', 즉 '어떤 남자에게도 맞는 상대가, 짝이 존재한다'는 뜻이다. 반대로 Every Jill has her Jack.은 '모든 여자에게도 잘 맞는 짝이 어디엔가 존재한다'는 뜻으로 사용할 수 있다.

Naomi Are you still seeing that girl?

Henry I'm sorta but I don't know if she is playing hard to get or just not interested.

Naomi Well, don't let her play with your heart.

Henry I know but I like how she is not clingy and needy.

Naomi Your ex was way too obsessive and possessive.

Henry People say Every Jack has his Jill! I'm sure there is someone out there for me.

나오미   너 아직도 그 여자 만나?
핸리   좀 보고는 있는데 밀당을 하는 건지 관심이 없는 건지 모르겠어.
나오미   음, 그녀가 네 마음을 갖고 놀게 하지 마.
핸리   아는데 껌딱지 같지 않고 애정 결핍이 아니어서 좋아.
나오미   네 전 여자 친구는 너무 집착하고 소유하려고 했어.
핸리   사람들이 짚신도 짝이 있다고 하잖아! 어딘가에 나를 위한 사람이 있겠지.

× · × · × · × · × · × · × · × · × · × · × · ×   LET'S LEARN!

 **seeing**

동사 see를 '보다'라는 뜻이라고만 알고 있었는가? 연애에 있어 누구를 본다는 것은 상대가 어떤 사람인지 시간을 두고 만나 보는 것을 의미한다. 또한 썸을 타는 것을 의미하기도 한다.

We are just seeing each other right now.
우리는 지금 그냥 서로 만나 보는 중이야.

I don't have a girlfriend but sorta seeing a few girls.
여자 친구는 없는데 몇 명 만나 보는 여자들은 있어.

• **sorta**

sort of를 구어체에서는 sorta로 줄여 많이 사용한다. kind of를 kinda나 kina로 줄여 말하는 것과 같다. '어느 정도', '다소', '조금', '종류의' 등을 뜻하며 무슨 말을 해야 할지 모를 때 '뭐랄까'라는 의미로도 사용된다. kinda와 sorta를 붙여 하나로 사용하기도 한다.

I'm sorta tired. I don't think I will go out tonight. 좀 피곤해. 오늘 밤에 안 나갈 것 같아.	I kinda sorta like Jay. 나 제이 좀 좋아해.

• **'밀당하다'는 영어로?**

상대의 관심을 유도하고 매력적으로 보이기 위해 관심 없는 척하는 것으로 '밀당하다'는 영어로 play hard to get이다.

I don't like to play hard to get.
나는 밀당하는 거 싫어해.

• **clingy and needy**

clingy는 한시라도 떨어지고 싶어 하지 않고 계속 붙어 있고 싶어 하는 '껌딱지' 같은 것을 의미한다. 이 표현은 needy란 표현과 자주 같이 쓰이는데 need(필요하다)의 형용사로 지속적으로 사랑과 관심을 많이 필요로 하는 것을 의미하여 애정 결핍을 needy로 대체할 수 있다.

Babies are usually extremely clingy.
아기들은 보통 굉장히 엄마와 떨어지지 않으려 한다.

• **obsessive and possessive**

clingy and needy의 귀여운 수준을 넘어 obsessive and possessive는 '집착하고 소유하려는' 것을 의미한다. 이 두 표현도 마찬가지로 함께 자주 쓰인다. clingy and needy와 비슷하지만 뉘앙스의 차이점을 기억하자.

Jack was obsessive and possessive.
He made me delete all the guys from Facebook.
잭은 집착하고 소유하려 했어. 페북에서 모든 남자를 지우게 했어.

I'm not cut out for it

난 소질이 없어

'나는 어떠한 일에 적합하지 않다'로 '소질이 없다'는 뜻이다. 어떠한 특정
분야에서 혹은 일을 수행하는 데 있어 능력이 부족하거나, 체질적으로 맞지
않아 '이건 내가 할 일이 아니다' 또는 '못 해 먹겠다'는 뉘앙스로도 사용할
수 있다. 반대로 I'm cut out for it.이라고 한다면 '나는 이 일에 적합
하거나 능력을 타고났다'는 의미이다.

Taylor   Hateful comments on my YouTube really get
under my skin.

Joseph   Don't let it get to you! It's inevitable.

Taylor   I think I'm not cut out for this. Everything is
too overwhelming these days.

Joseph   Do not respond to those nasty comments.

Taylor   Hate only begets hate.

Joseph   Exactly. Embrace differences and just let
them be.

태일러   내 유튜브에 악플들 정말 너무 짜증 나.
조셉   그거에 흔들리지 마! 피할 수 없는 거야.
태일러   이건 내 일이 아닌 것 같아. 요즘 모든 게 너무 벅차.
조셉   그런 악플에 대응하지 마.
태일러   미움은 미움을 낳지.
조셉   맞아. 다름을 포용하고 그냥 그러라고 해.

× · × · × · × · × · × · × · × · × · × · × · × · ×  LET'S LEARN!

 ▸ '악플'은 영어로?

'댓글'은 영어로 comment이다. 따라서 hateful(혐오가 가득 찬)
comments는 '악플'이 된다. nasty(고약한, 못된)를 사용하여
nasty comments라고 표현할 수도 있다. 이러한 온라인에서의 나쁜 행위를
cyber bullying이라고 한다.

Hateful comments are like poison!
악플은 독약과 같아!

get under one's skin

나의 피부를 파고드는 느낌은 절대 좋을 수 없다. 따라서 이 표현은 '짜증과
화를 돋우며 자극한다'는 뜻이다. 나아가 '누군가를 뼛속 깊이 안다',
'점점 좋아지다', '좋은 영향력을 주다', '피부 속에 있다고 할 정도로 자꾸
생각나고 집착하게 된다' 등 여러 뜻으로 다양한 상황 속에서 사용된다.

My husband of 40 years has gotten under my skin.
내 40년 된 남편은 날 뼛속 깊이 알아.

The fact that my rival had gotten a better score really got
under my skin.
나의 라이벌이 더 좋은 점수를 받았다는 사실이 너무 화가 났다.

I only saw her once but she has gotten under my skin.
I can't stop thinking about her.
그녀를 한 번밖에 보지 않았는데 자꾸 생각나. 그녀에 대한 생각을 멈출 수가 없어.

inevitable

'불가피한', '필연적인' 또는 '언제든지 예상할 수 있는' 등을 의미한다.
누구도 예방할 수 없고 피할 수 없는 것을 의미한다.

Death is inevitable. | Economic crisis seems inevitable due to
죽음은 피해 갈 수 없다. | the COVID-19 pandemic.
코로나 대유행으로 인해 경제 위기는 불가피해
보인다.

overwhelming

'압도적인', '너무나도 강렬한'이란 의미이며 부정적으로는 '너무
부담스럽거나 벅차다'라는 뜻이다. 긍정적으로는 '벅차오르다' 혹은
'울컥하다'로 문맥과 상황에 따라 뜻이 완전히 달라질 수 있다.

Workload here is way too overwhelming for me to handle.
여기 업무량은 내가 감당하기엔 너무 벅차.

Just around the corner!

코앞이다!

모퉁이를 돌면 바로 만날 것 같은 느낌을 주는 표현으로 '곧 다가온다', '임박해 있다'는 뜻이다. 가장 흔하게 사용되는 표현으로는 Christmas is just around the corner!(곧 있으면 크리스마스야!) Prosperity is just around the corner.(성공이 눈앞에 보인다.) 등이 있다. 하지만 I live just around the corner.라고 한다면 말 그대로 바로 모퉁이만 지나면 우리 집이 있다는 뜻으로 '나는 엎어지면 코 닿는 곳에 산다'는 의미로도 사용된다.

Sister	Christmas is **just around the corner**!
Brother	It is my favorite time of the year.
Sister	I'm gonna wait underneath the mistletoe for my Prince Charming. Haha!
Brother	Good luck. Let's hang stockings upon the fireplace tonight!
Sister	Woo, why don't we go shopping for gingerbread cookies and candy canes now?
Brother	Right on!

누나	곧 있으면 크리스마스야!
동생	일 년 중 내가 제일 좋아하는 때야.
누나	겨우살이 밑에서 난 내 왕자님을 기다릴 거야. 하하!
동생	행운을 빌어. 오늘 밤 벽난로에 양말을 걸자!
누나	오, 지금 생강 쿠키랑 지팡이 사탕 사러 가는 건 어때?
동생	너무 좋아!

× · × · × · × · × · × · × · × · × · × · × · × · × 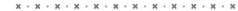 LET'S LEARN!

 EXPRESSION ● **It is my favorite time of the year.**

크리스마스 시즌이 되면 가장 많이 접하게 되는 표현 중 하나이다. 미국인들은 일 년 중 크리스마스를 가장 크게 기념하고 축하한다. 앤디 윌리엄스의 캐럴의 노래 제목 <It's the Most Wonderful Time of the Year>만 봐도 알 수 있다. 이 표현은 문화로 받아들이는 것을 추천한다.

CULTURE • underneath the mistletoe

미국인들은 mistletoe(겨우살이) 밑에서 뽀뽀를 하면 사랑이 이루어진다고 믿는다. 전 세계인이 크리스마스 때면 흥얼거리는 머라이어 캐리의 <All I Want for Christmas> 노래 가사 중에도 "I'm just gonna keep on waiting underneath the mistletoe"가 있었는지 알고 있었는가? 10대들의 대통령이라 불리던 저스틴 비버의 크리스마스 캐럴 중에도 <Mistletoe>라는 노래가 있으니 당장 들어 보자. 이 노래 또한 위에 배운 표현과 유사한 "It's the most beautiful time of the year"로 시작한다.

MOST MISTAKEN • stockings

우리는 '스타킹'이라고 하면 주로 여자가 신는 배까지 올라오는 pantyhose를 생각한다. 사실 stocking은 발과 다리의 부분을 가리는 긴 양말을 일컫는 표현이다. 따라서 크리스마스가 되면 벽이나 벽난로에 거는 양말의 올바른 표현은 Christmas stocking이다.

CULTURE • gingerbread cookies

애니메이션 <슈렉>에 등장했던 'Gingerbread man'을 기억하는가? 우리가 추석에 전을 즐겨 먹듯 미국인들은 크리스마스가 되면 gingerbread cookies(생강 쿠키), gingerbread cake(생강 쿠키 케이크) 등을 즐겨 먹는다. 스타벅스에도 시즌 음료로 gingerbread latte가 등장하곤 했었다. 크리스마스에 즐겨 마시는 음료 중에는 eggnog도 있으니 알아 두자!

KONGLISH • '지팡이 사탕'을 영어로는?

크리스마스에 빠질 수 없는 것 중 하나가 '지팡이 사탕'일 것이다. 이를 그대로 직역하여 stick candy 등 많은 잘못된 표현이 있는데 올바른 표현은 바로 candy cane이다. 대체로 박하사탕 맛인데 크리스마스를 대표하는 맛 중 하나가 바로 peppermint이다.

EXPRESSION • right on

강한 찬성으로 '좋다, 옳다' 등을 의미하며 격려와 지지의 의미로 '잘한다' 등을 뜻하기도 한다.

Right on, Lora! 바로 그거지, 로라!	**You got an A+? Right on!** A+ 받았어? 잘했다!

Every dog has its day

쥐구멍에도 볕들 날이 있다

누구의 인생에도 한 번쯤은 좋은 일이 생길 수 있고 좋은 기회가 찾아올 수 있다는 말이며 Every dog has his day.라고 해도 무관하다. 셰익스피어의 <햄릿>에도 등장한 이 표현은 오랜 시간을 걸쳐 오늘날까지도 원어민들이 사랑하는 표현 중 하나이다. 그만큼 인간은 희망을 먹고 산다는 것을 반증하는 것이 아닐까?

Tyler   How are you holding up? How's your depression?

Jane   I'm no longer suicidal, but I'm still on medication.

Tyler   Everyone goes through depression at one point in their lives. I don't want you to think you are different.

Jane   I was too caught up with success and got impatient. Well, every dog has its day.

Tyler   Absolutely! Your time will come but health comes first.

타일러   좀 괜찮아? 우울증은 어때?
제인   이제 죽고 싶지는 않아, 근데 아직 약은 먹고 있어.
타일러   인생에 한 번쯤은 모두가 우울증을 겪지. 네가 다르다고 생각하지 않았으면 좋겠어.
제인   너무 성공에만 얽매여서 조급해졌어. 뭐, 쥐구멍에도 볕들 날이 있겠지.
타일러   당연하지! 너의 때가 올 거야. 하지만 건강이 우선이다.

× • × • × • × • × • × • × • × • × • × • ×   **LET'S LEARN!**

EXPRESSION ● **How are you holding up?**

상대가 힘든 시간을 겪고 있다는 것을 알고 있다면 How are you?보다는 이 표현으로 안부를 전해 보자. 잘 견디고 있느냐, 힘들지만 좀 어떠냐는 의미로 '많이 힘들지?', '좀 괜찮아?'와 동일하다.

How are you holding up? Are you feeling better?
많이 힘들지? 기분은 좀 나아졌어?

• ## suicidal

'자살'은 영어로 suicide이며 동사 commit과 함께 쓰인다. 또한 자살하고
싶은 충동을 느끼는 것을 suicidal이라고 한다. 요즘 들어 부쩍 자살과
관련된 기사를 많이 접하게 되는데 그 어떤 힘든 상황 속에서도 희망을 잃지
않고 용기를 내기 바란다. 살아 있다는 것은 선물 그 자체이기에!

When you are suicidal please call 1393.
자살하고 싶을 때는 1393으로 꼭 전화하세요.

• ## on medication

'약'은 명사로 medication 또는 medicine이라고 한다. 따라서 on
medication은 현재 의사가 처방한 약을 먹고 있는 상태로 '치료 중'이라는
뜻이다. 하지만 비슷하지만 전혀 다른 의미를 가진 표현이 바로 on the
pill이다. pill은 물론 '알약'이지만 이 표현은 슬랭으로 현재 피임약을
복용하는 상태를 의미하니 헷갈리지 말자.

Are you on any medication?
복용하고 계시는 약이 있으신가요?

• ## caught up (with/in)

무언가에 깊이 빠져 다른 것은 그 어떤 것도 생각하지 못하는 상태를 의미한다.
또한 힘들고 혼란스러운 일에 원치 않게 연루되는 것을 뜻하기도 한다.
'얽매이다', '휘말리다', '혹하다' 그리고 '정신이 팔리다' 등의 의미가 있다.

| I got caught up in the moment so I didn't even hear you come in. 너무 몰두하고 있어서 네가 들어오는 것도 못 들었어. | The politician got caught up in several scandals. 그 정치인은 여러 스캔들에 휘말렸다. |

• ## Your time will come.

말 그대로 '너의 때가 올 것이다', 즉 조금만 견디고 기다리면 네가 빛날 날이
찾아올 것이란 뜻이다.

Work hard, stay disciplined, and be patient. Your time will come.
열심히 일하고, 자신을 단련시키며 인내심을 가져라. 너의 때가 올 것이다.

Blow one's mind

깜놀하다

무언가로 인해 가슴이 터져버릴 것 같은 강한 감동과 느낌을 받았다는 뜻이다.
무언가가 혹은 누군가가 나를 압도적으로 놀라게 했거나, 감동을 주었다거나,
흥분시켰다면 이 표현을 사용할 수 있다. 형용사로는 mind-blowing이며
엄청나게 놀랍고, 경이로운 것을 의미한다. 가끔은 진부한 amazing 대신
원어민과 같이 이 표현을 써 보자!

Trevor   How was the Coldplay concert?
Rachel   It was hands down the best. It was sick!
Trevor   I heard listening to Chris Martin singing live
       literally blows your mind.
Rachel   Yes, I was blown away.
Trevor   You are so lucky that you got the ticket.
Rachel   I can die happy now.

트레버   '콜드플레이' 콘서트 어땠어?
레이철   의심의 여지 없이 최고였어. 진짜 대박이었어!
트레버   크리스 마틴이 라이브로 노래하는 거 듣는 건 진짜 경이롭다고 들었어.
레이철   응, 뿅 갔어.
트레버   너 티켓을 구한 건 정말 운이 좋았어.
레이철   이제 죽어도 여한이 없어.

× · × · × · × · × · × · × · × · × · × · × 

IDIOM → **hands down**

'손을 쓸 필요도 없이', 즉 '특별한 노력 없이 아주 쉽게'라는 뜻이다.
또는 '의심의 여지 없이', '명백히'란 의미도 가지고 있다.

It's hands down the best song I've ever heard in my life.	Trump: We can win this election hands down.
의심의 여지 없이 내가 인생에서 들은 노래 중에 가장 최고야.	트럼프: 우리는 이 선거에서 아주 쉽게 이길 수 있다.

• **sick**

콘서트가 아프다고? No! sick는 '아픈'이란 뜻도 있지만 슬랭으로 cool, awesome, crazy 등과 마찬가지로 '끝내준다', '죽인다', '대박이다' 등의 의미로 쓰인다.

That is a sick car! What do you do for a living?
끝내주는 자동차네요! 어떤 일 하세요?

EXPRESSION • **literally**

원어민들이 구어체에서 정말 자주 쓰는 부사이지만 한국인에게는 조금 생소한 표현이다. '정말 더도 말고 덜도 말고 말 그대로이다', '문자 그대로'라는 뜻이 있는가 하면 really와 비슷하게 무언가를 오버해서 강조할 때 사용되기도 한다. 반대는 figuratively(비유적으로)다.

There were literally like 1,000 people there. I'm not even exaggerating.
거기 진짜 천 명 정도 있었어. 나 과장하는 것도 아니야.

I'm literally freezing to death here. Let's just go inside!
나 진짜 얼어 죽고 있어. 그냥 안으로 들어가자!

IDIOM • **blown away**

깊은 인상과 감명을 받았을 때 사용할 수 있는 표현으로 '뽕 갔다', '넋이 나갔다' 등을 의미한다. 또한 '큰 점수 차이로 졌다'는 뜻이기도 하다.

Our team got blown away. We lost 10 to 1.
우리 팀은 큰 점수 차로 졌다. 10대 1로 지고 말았다.

EXPRESSION • **I can die happy now.**

말 그대로 '이제는 행복하게 죽을 수 있다'는 뜻으로 '죽어도 여한이 없다'는 뜻이다. 간절히 이루고 싶은 꿈을 이뤘거나 원했던 일이 성취되었을 때 사용할 수 있다.

I proposed and she said yes! I can die happy now!
내가 프러포즈했는데 그녀가 좋다고 했어! 이제 난 죽어도 여한이 없어!

Sorry doesn't cut (it)

미안하다면 다야?

'넘은 선을 미안하다는 말이 자를 수 없다'로 '미안하다는 말로는 충분하지
않다'는 의미. 영혼 없는 사과로는 분이 풀리지 않거나, 받은 상처가 너무
깊어 치유되지 않을 때 혹은 상대의 잘못이 돌이킬 수 없는 결과를 낳아
미안하다는 말 한마디가 문제를 해결할 수 없을 때 사용할 수 있다. 사과는
언제나 진정성 있게 해야 하며 미안할 만한 행동은 애초에 하지 않는 게
상책이다!

Michael	I'm sorry for what I said. I don't want any hard feelings.
Julia	You need to know **sorry doesn't always cut it**.
Michael	I really didn't mean to hurt your feelings.
Julia	Actually, I'm not holding a grudge.
Michael	We good, now?
Julia	Yes! I forgive you!

마이클   내가 한 말 미안해. 어떤 악감정도 원하지 않아.
줄리아   미안하다고 다 되는 게 아니란 걸 넌 알아야 해.
마이클   정말로 상처 주려고 했던 게 아니었어.
줄리아   사실 앙금은 없어.
마이클   우리 이제 괜찮은 거야?
줄리아   응! 용서하마!

× · × · × · × · × · × · × · × · × · × · × · × ·    LET'S LEARN!

IDIOM ● **hard feelings**

나를 홀대했거나 크거나 작게 싸운 상대에게 느끼는 감정으로 '미움'과
'분노'를 의미한다. 유사한 표현으로는 resentment(분함)이 있다.

I have no hard feelings towards you. No worries.
나 너한테 기분 나쁜 거 없어. 걱정하지 마.

mean to

mean to는 '~할 셈이다', '~하려고 한다'로 intend to와 유사한 표현이다. 뒤에 다양한 동사원형을 사용하여 응용할 수 있다. 본문에서처럼 부정으로 사용될 경우 '~할 의도는 아니었다'가 된다.

I didn't mean to
cause trouble.
문제를 일으킬 생각은 없었어요.

I've been meaning to ask you.
How do you know her?
예전부터 물어보려 했어. 그녀를 어떻게 알아?

hurt (one's) feelings

누구의 마음을 아프게 하거나 기분을 상하게 하는 것을 의미한다. '마음에 상처를 주다', '가슴에 못을 박다', '불쾌하게 하다' 등으로 사용할 수 있다.

Your jokes sometimes hurt
people's feelings.
너의 농담은 가끔 사람들의 기분을
상하게 해.

You hurt my feelings and
I want space for a while.
넌 내 마음에 상처를 줬고 한동안
좀 떨어져 있고 싶어.

hold a grudge

과거에 누군가가 나에게 잘못한 일로 인해 부정적인 감정이나 분노를 계속 지니고 있는 것을 의미한다. 즉 '원한이나 앙심을 품다'라는 뜻이며 앙금이 남아 있다는 것을 말한다. <주온>이란 유명한 일본 공포영화의 영어 제목이 바로 <The grudge>이다.

Holding a grudge is like drinking poison.
앙금을 갖는 것은 독을 마시는 것과 같다.

We good, now?

문장 맨 앞에 Are가 생략된 질문이다. 싸우거나 말다툼한 후 우리 '이제 괜찮지?', '앙금 같은 거 없지?'란 뜻으로 사과한 후에 주로 쓰인다.

Cry one's eyes out

펑펑 울다

말 그대로 '눈이 빠질 정도로 울다'와 동일한 표현으로 장시간 동안 제어할 수 없을 만큼 흐느끼며 우는 것을 의미한다. '펑펑 울다', '눈이 퉁퉁 부을 때까지 눈물을 쏟다' 등을 의미한다. 감당할 수 없는 큰 슬픔으로 많은 눈물을 쏟았다면 이 표현을 사용해 보자.

Mike   Hello? Kate, I'm calling since I heard your grandma passed away.

Kate   Oh, Mike. Thank you. I've been **crying my eyes out**.

Mike   I'm so sorry for your loss. My condolences.

Kate   In a way I'm glad she is in peace now. She battled cancer for too long.

Mike   You know she is in a better place now.

Kate   Yes, true. I'll be seeing her again, right?

마이크   여보세요? 케이트, 할머니 돌아가셨다고 들어서 전화했어.
케이트   오, 마이크, 고마워. 눈이 빠질 정도로 엄청 울고 있어.
마이크   상심이 크겠다. 삼가 조의를 표한다.
케이트   한편으로는 할머니가 지금은 평안하시니 기뻐. 너무 오래 암과 싸우셨어.
마이크   지금은 더 좋은 곳에 계시는 거 알지?
케이트   응, 맞아. 할머니를 다시 보게 될 거야, 그치?

× · × · × · × · × · × · × · × · × · × · × · × · ×   **LET'S LEARN!**

EXPRESSION ── **pass away**

나는 개인적으로 직접적인 died(죽었다)라는 표현보다는 pass away나 gone 등의 비유적인 표현들을 더 선호한다. pass away는 '돌아가셨다'는 뉘앙스의 표현으로 훨씬 더 부드럽고 조심스럽다. 뉘앙스의 차이점이 확 와닿았을 것이라 믿는다.

pass를 사용한 다양한 구동사

pass	pass out	pass by
통과하다, 지나가다, 이동하다	쓰러지다, 나눠 주다	지나가다

pass through	pass on	pass over
통과하다, 지나가다	넘어가다, 물려주다, 전달하다	지나가다, 제외하다

EXPRESSION ● **I'm sorry for your loss. / My condolences.**

이 두 표현 모두 누군가의 죽음을 애도할 때 당연히 쓸 수밖에 없는 필수적인 표현이다. '상심이 크시겠습니다', '조의를 표합니다', '고인의 명복을 빕니다' 등의 의미를 모두 포괄하고 있는 표현이다.

I offer my deepest condolences to people who are affected by this tragedy.
이 비극으로 인해 피해를 입은 사람들에게 깊은 애도를 표합니다.

EXPRESSION ● **Rest in peace (R.I.P)**

'평화로이 잠드소서'로 '고인의 명복을 빕니다'라는 뜻이다. 이 표현은 묘비에 적혀 있는 것을 흔히 볼 수 있으며 죽은 자의 영혼이 평온하기를 바란다는 간절한 마음을 담고 있다.

May Black Panther rest in peace.
블랙 팬서가 평화로이 영원히 잠들기를.

EXPRESSION ● **a better place**

A better place는 말 그대로 '더 좋은 세상'이지만 다른 한편으로는 '사후 세계'를 의미하며 '더 이상의 고통과 슬픔이 없는 세상'을 뜻하기도 한다. 우리가 "더 좋은 곳에 가셨을 거야."라고 말하는 것과 같다. 또한 더 좋은 위치나 환경을 의미하기도 한다.

I'm in a better place than last year.	If you care enough for the living, make a better place for you and for me.
난 작년보다 더 좋은 위치에 있다.	생명을 생각한다면 당신과 나를 위해 더 좋은 세상을 만들어 봐요.
	– 마이클 잭슨의 <Heal the World> 가사 중

EXPRESSION ● **I'll be seeing you.**

I'll be seeing you.는 I'll see you.와는 다른 뉘앙스를 가지고 있다. 이 표현은 Goodbye.와 비슷한 표현으로 대부분 앞으로 오랫동안 볼 수 없을 때 혹은 언제 또 볼 수 있을지 확실하지 않을 때 사용하는 표현이다.

LET'S PRACTICE!

1. 주어진 어휘를 이용해서 문장을 만들어 보세요.

1   좀 괜찮아? / 어떻게 지내? (hold)

_____

2   콘서트 정말 경이롭고 감동이었어. (my mind)

_____

3   저는 사람 좋아해요. (people)

_____

4   펑펑 울었어. (eyes)

_____

5   너에게 상처 주려고 했던 게 아니었어. (your feelings)

_____

6   고인의 명복을 빕니다. (my)

_____

7   의심의 여지 없이 최고였어. (hands)

_____

8   멍때렸어요. (zone)

_____

9   나는 밀당하는 거 싫어. (hard to)

_____

10   그런 말 많이 들어요. (get)

_____

2.

같은 의미가 되도록 빈칸을 채워 보세요.

1 술에 약한 사람

Cheap _____

2 끝내줬어!

It was _____!

3 난 소질이 없어.

I'm not cut _____.

4 미안하다면 다야?

Sorry _____.

5 동안이시네요.

You look _____.

6 코앞이야!

Just _____!

7 악플

_____ comments

8 쥐구멍에도 볕들 날이 있다.

_____ its day .

9 짚신도 짝이 있다.

Every Jack _____.

10 잘 듣고 있어요.

I'm all _____.

정답 2　1) drunk 2) sick 3) out for it 4) doesn't cut (it) 5) young for your age
6) around the corner 7) Hateful 8) Every dog has 9) has his Jill 10) ears

175

Day

71~80

Make ends meet

근근이 먹고 산다

빚은 지지 않지만 빠듯하게 겨우 맞춰 살아가는 것을 의미한다. 수입과 지출의 균형이 맞춰지는 것을 뜻함으로 딱 먹고 살 만큼의 생활비 정도만 돈을 버는 것이다.

Frank   I'm barely **making ends meet** these days due to COVID.

Lora   Same here. I'm literally living hand to mouth.

Frank   I also heard Kyle's company went out of business.

Lora   I'm not surprised because he had been making peanuts for years.

Frank   Well, all of us will get through this, though.

Lora   Let's stay strong! Life isn't always peaches and cream.

프랭크   나 요즘 코로나 때문에 겨우 근근이 살고 있어.
로라   나도. 진짜 입에 풀칠하고 있는 중이야.
프랭크   카일 회사도 폐업했다고 들었어.
로라   놀랍지 않네. 왜냐면 카일 몇 년간 돈 많이 못 벌었어.
프랭크   음, 그래도 우리 모두 이겨낼 거야.
로라   힘내자! 인생이 항상 핑크빛은 아니니까.

× · × · × · × · × · × · × · × · × · × · × · × LET'S LEARN!

EXPRESSION ● **Same here.**

"나도."라고 말할 때 Me too. 외에 사용할 수 있는 다양한 표현들이 있다. Same. / Same here. / So do I. / Likewise. / Me as well. 등이다. 이번 기회에 진부한 표현 Me too.에서 벗어나 보자!

living hand to mouth

'들어온 돈이 바로 입으로 들어간다'로 하루 벌어서 하루 사는 것을
의미한다. making ends meet보다 조금 더 경제적으로 힘든 뉘앙스로
'입에 풀칠하기도 바쁘고 힘들다'는 뜻이다.

Many of self-made millionaires have the experience of living
hand to mouth.
자수성가한 백만장자 중 많은 사람들은 경제적으로 힘든 경험을 해 본 적이 있다.

make peanuts

'아주 적은 돈', 즉 '최저임금 수준의 돈을 버는 것'을 의미하며 make뿐만
아니라 동사 earn과 pay를 사용할 수 있다. 또는 work for peanuts는 '말도 안
되게 적은 돈을 받고 일하다'라는 뜻이다.

I'm sick and tired of working for peanuts. I'm done! 난 이까짓 돈 받고 일하는 거 지긋지긋해. 이제 끝이야!	If you pay peanuts you get monkeys. 쥐꼬리만 한 월급으론 고급 인력을 구할 수 없다.

stay strong

stay strong은 '견고하게 머무르다', 즉 '힘든 상황 속에서도 휘둘리거나
넘어지지 않고 그 자리에 서 있는 것'을 의미한다. 즉 '버티고 힘을 낸다'는
뜻이다.

Stay strong for me. Don't ever give up. 나를 위해 힘을 내 줘. 절대 포기하지 마.	His family stayed strong as one and eventually got through it. 그의 가족은 하나로 뭉쳐 힘을 냈고 결국 이겨냈다.

peaches and cream

핑크 빛깔의 '매끈한 피부'를 의미하기도 하고 '아무런 문제 없이 순조롭고
즐거운 상황이나 과정'을 뜻하기도 한다.

She has got peaches and cream complexion. 그녀는 핑크 빛깔의 아름다운 피부를 가졌다.	He acts like everything is peaches and cream but actually It's not. 그는 모든 게 문제없이 순조로운 듯 행동하지만 사실은 아니다.

This is my cup of tea

내 스타일이야

내가 좋아할 만한 사람이나 무언가가 '나의 취향이다', '나의 타입이다'란
뜻이다. 우리는 이상형을 보고 '내 스타일이다'라고 말하는 경우가 있다.
my style 또한 '나의 취향'이라는 뜻이지만 사람에게는 쓰지 않는다. 오히려
'난 원래 이런 사람이다'란 뜻으로 해석된다. 누군가가 내가 좋아하는
스타일이라면 my type 혹은 my cup of tea를 사용해 보자!

Alison	This place has cheesecake to die for.
Lora	I love cheesecake! This is so my cup of tea!
Alison	I didn't know you have a sweet tooth too.
Lora	Are you kidding? I can't live without desserts.
Alison	You are my partner in crime now.
Lora	Fabulous, we will try every good dessert place in town!

앨리슨 이곳 치즈 케이크 정말 끝내줘.
로라 나 치즈 케이크 완전 좋아해! 완전 내 스타일이야!
앨리슨 너도 단것 좋아하는지 몰랐어.
로라 장난해? 나 디저트 없이는 못 살아.
앨리슨 넌 이제 내 베프야.
로라 아주 좋아, 우리 동네 모든 맛있는 디저트 카페들 다 가 보자!

× · × · × · × · × · × · × · × · × · × · × · ×  LET'S LEARN!

 EXPRESSION ● **to die for**

'목숨을 바칠 만한', '목숨과 바꾸어도 될 만큼'으로 그만큼 너무나 좋아하며
원하는 것을 의미한다. 비격식 표현으로 구어체에서 강조할 때 자주 쓰이며
'매우 매력적인', '훌륭한', '예쁜' 등의 뜻으로도 쓰인다.

Wow! That's a diamond to die for!	How do you make these to-die-for barbeques?
와! 그건 정말 너무 아름다운 다이아몬드야!	이런 훌륭한 바비큐는 어떻게 만드는 거야?

IDIOM • **have a sweet tooth**

'단 음식이나 디저트를 좋아한다'는 뜻이다. tooth는 '한 개의 치아'를 뜻하기 때문에 관사 a를 꼭 함께 써야 한다.

Do you have a sweet tooth?
단것 좋아하세요?

I don't really have a sweet tooth. I'm not a dessert person.
전 단것을 별로 안 좋아해요. 디저트를 좋아하지 않아요.

PATTERN • **can't live without + (명사)**

'~ 없이는 살 수 없다'로 너무나 좋아하고 사랑한다는 뜻이다. 또는 문자 그대로 우리가 공기 없이 살 수 없듯이 어떤 존재 없이는 절대 살 수 없다고 말할 때 사용하기도 한다.

I can't live without you.
난 너 없이 살 수 없어.

Humans can't live without water, air and food.
인간은 물, 공기 그리고 음식 없이는 살 수 없다.

EXPRESSION • **partner in crime**

'공범'이라는 뜻이지만 '가장 친한 친구'를 의미하기도 한다. 가장 친하고 오래된 친구와 실수를 하기도 하고 함께 바보 같은 크고 작은 사고를 치기도 하기 때문이다.

We used to always get in trouble in high school together.
He is my partner in crime.
우리는 고등학교 때 항상 같이 혼나곤 했어. 그는 내 죽마고우야.

Jeff and his manager were partners in crime.
They both got fired.
제프와 그의 상사는 공범이었다. 그 둘은 다 해고당했다.

You are what you eat

당신이 먹는 음식이 바로 당신이다

이 표현은 무엇을 먹느냐가 얼마나 건강에 직접적인 영향을 미치는지 말해 준다. '당신은 당신이 먹는 음식 그대로 된다'는 의미로 건강한 식습관은 나를 건강하게 만들어 주고 나쁜 식습관은 건강을 해친다는 뜻이다. 건강하게 먹는 것 또한 나를 사랑하는 방법 중 하나임을 잊지 말자!

Kate	I have constant migraines these days.
Tom	That's too bad! Do you get regular health checkups?
Kate	Yeah, I do. I just haven't been eating properly.
Tom	You really have a poor eating habit. **You are what you eat.**
Kate	I know.
Tom	You are technically made of what you eat. So if you eat bad you feel bad and look bad.

케이트	요즘 계속 편두통이 있어.
톰	아이고 이런! 정기적으로 건강검진 받아?
케이트	응, 받아. 그냥 요즘 잘 먹질 않았어.
톰	너 식습관이 너무 안 좋아. 네가 먹는 게 곧 너야.
케이트	알아.
톰	엄밀히 따지면 너는 네가 먹는 음식으로 만들어져. 그래서 안 좋은 걸 먹으면 기분도 안 좋고 보기에도 안 좋아.

LET'S LEARN!

migraine vs. headache

migraine(편두통)은 headache(두통) 종류 중 하나이다. 편두통은 대부분 눈을 포함한 한쪽 머리 부분이 욱신거리는 것을 의미한다. 속이 메스껍고 소리나 빛에 민감해지기도 한다. migraine은 headache처럼 가산 명사이다.

That's too bad!

어떠한 문제에 대해 공감할 때 '아이고 저런', '안됐다', '어떻게', '안타깝다' 등의 의미로 사용된다. 유사한 표현으로는 I'm sorry.(유감이다.)가 있다. 말하는 톤과 표정에 따라 '쌤통이다'가 될 수도 있다.

It's too bad that you can't make it today.
오늘 올 수 없다니 안타깝다.

A: **I cracked my phone screen.**
핸드폰 화면이 깨졌어.

B: **Oh no! That's too bad!**
어머나! 어떡해!

'정기 건강검진'을 영어로는?

많은 분들이 궁금해하는 표현 중 하나다! 바로 regular health checkup이다. checkup은 '검진', '신체검사' 또는 '점검'을 의미한다.

I go to my doctor for regular checkups. 나는 정기 검진을 위해 항상 가는 병원에 간다.	**Simple car checkups on daily basis save lives.** 일상적인 간단한 자동차 점검은 생명을 구한다.

technically

사전적 의미는 '기술적으로'이지만, 구어체에서는 '엄밀히 따지면', '정확히 말하자면'이라는 의미로 더 많이 사용되는 원어민이 밥 먹듯이 사용하는 표현 중 하나이다.

Korea is technically very advanced.
한국은 기술적으로 매우 발달했다.

Technically it's my laptop because I paid for it but my brother uses it most of the time.
엄밀히 따지면 내가 사서 내 노트북이지만 대부분 내 동생이 사용해.

Tie the knot

결혼하다

말 그대로 '매듭을 묶다'는 뜻으로도 사용되지만 knot(매듭)은 unity(하나
됨)를 상징하기에 두 사람이 하나가 되었다는 뜻으로 '혼인하다',
'결혼하다'는 의미로 사용되기도 한다. 유사한 표현으로는 marry가 있는데
'누구와 결혼했다'라고 할 때 marry 뒤에 전치사 with를 붙이지 않도록
주의해야 한다. I married Bob.(나는 밥과 결혼했다.)이 올바른 표현이다.

Taylor   Sam and Sarah are finally **tying the knot**!

Lora   Wow, really? They both have hearts of gold.
I love them both.

Taylor   We should plan a bridal shower and a
bachelorette party for Sarah.

Lora   Are you the maid of honor?

Taylor   Yes, and you are the bridesmaid.

Lora   Let's go all out to make this wedding special!

테일러   샘하고 세라가 드디어 결혼을 해!
로라   와, 진짜? 그 둘은 정말 마음씨가 고아. 난 둘 다 너무 좋아.
테일러   우리 세라를 위해 신부 파티랑 처녀 파티를 계획하자.
로라   너 메인 들러리야?
테일러   응, 그리고 넌 들러리고.
로라   우리 이 결혼식이 특별할 수 있게 우리가 할 수 있는 건 다 하자!

×·×·×·×·×·×·×·×·×·×·×·×·×

IDIOM ● **a heart of gold**

'금같이 귀한 마음'이라 하여 '호인'을 뜻한다. 우리도 아름다운 마음을
비유적으로 비단결같이 곱다고 하는 것과 비슷하다. 이타적으로 자신보다 남을
생각하고 어려운 사람을 돕는 사람을 의미한다.

He has a heart of gold. He is a very giving person.
그는 정말 마음이 고와. 그는 퍼주는 사람이야.

CULTURE **bridal shower**

결혼을 앞둔 친구를 위해 친한 여자 친구들과 가족이 파티를 열어 주어 함께 먹고 마시고 신부에게 선물을 주며 결혼을 축하하는 파티이다. bridal shower는 오직 여자만 참석할 수 있는 반면 **wedding shower**는 똑같은 의미의 파티이지만 성별과 상관없이 모두가 참석할 수 있다.

CULTURE **bachelorette party**

'결혼 전 여자들끼리 하는 파티'를 의미한다. 우리에게는 bachelor party(총각 파티)가 덜 생소할 것이다. 대부분 유부남, 유부녀가 되기 전 싱글로서의 마지막 밤을 불태우기 위해 작게는 클럽을 가거나 크게는 라스베이거스에 가 파티를 즐기는 것을 뜻한다.

For my bachelorette party I just want to have a spa night with my girls.
내 처녀파티에서는 그냥 친구들이랑 스파 하면서 놀고 싶어.

CULTURE **maid of honor**

'신부의 들러리'는 bridesmaid이지만 그중 가장 친한 친구는 maid of honor이 되며 이 대표 들러리는 신부가 결혼하면서 필요한 모든 것을 결정하는 데 함께한다. 남자 들러리는 groomsman이라고 하며 신랑의 가장 친한 사람이자 대표 신랑 들러리는 best-man이 된다. 마찬가지로 신랑의 오른팔로서 결혼식의 A부터 Z까지 함께 계획하고 도와준다.

One of the duties for the maid of honor is to plan a bridal shower.
대표 들러리의 의무 중 하나는 신부 파티를 계획하는 것이다.

IDIOM **go all out**

'전력을 다하다'로 '올인한다'는 뜻이다. all in(올인)은 포커를 할 때 가지고 있는 모든 돈을 한 판에 걸겠다는 의미나 몸이 지쳤다는 의미로 더 많이 쓰인다. 따라서 '내 모든 것을 걸고 할 수 있는 최선과 노력을 다한다'는 의미로는 이 표현이 더 적합하다.

If you really want it, you have to go all out.
정말 원한다면, 모든 걸 걸어야 해.

I'm going to have an extremely extravagant wedding. I'm really gonna go all out.
나는 엄청 화려한 결혼식을 할 거야. 진짜 다 할 거야, 다.

Jump out of one's skin

간 떨어지게 놀라다

뱀이 허물을 벗듯 영혼이 몸에서 빠져나갈 정도로 놀랐다는 뜻이다. 큰 소리나 기쁜 소식으로 인해 놀라 펄쩍 뛰었거나 겁먹고 두려움에 소스라치게 놀랐다는 의미이다.

Jeff   Let's go to the movies tonight.

Lora   Don't tell me you want to watch a horror movie again. I literally jumped out of my skin last time.

Jeff   But I've been waiting for this movie for so long.

Lora   Don't even try to talk me into watching it this time.

Jeff   I watch those boring tear jerkers with you every time. Those make me cringe!

제프   오늘 저녁에 영화 보러 가자.
로라   또 무서운 영화 보러 간다고 말하지 마. 저번에 진짜 너무 놀라서 영혼이 빠져나가는 줄 알았어.
제프   하지만 이 영화가 나오기만을 오래 기다렸단 말이야.
로라   이번엔 나를 설득하려고 하지도 마.
제프   난 매번 그 재미없는 신파극 같이 보잖아. 손발이 오그라든다고!

× · × · × · × · × · × · × · × · × · × · × · ×

EXPRESSION ● **go to the movies**

직역하면 '영화에 가다'이지만 '영화 보러 가다'라는 뜻이다. go to cinema[theater]라는 표현이 절대 틀리지 않지만 go to the movies가 훨씬 더 자연스러운 표현이다. 자주 사용되는 유사한 표현으로 go see a movie가 있다.

I went to the movies last night.	**I want to go see a movie.**
나 어제 저녁에 영화 보고 왔어.	영화 보러 가고 싶어.

PATTERN **Don't tell me + (절)**

'~가 아니라고 말해 줘'라는 패턴이다. 상대의 말이 믿기지 않을 때, 믿고 싶지 않을 때 '설마 ~라는 건 아니지?', '차라리 거짓말이라고 말해 줘'의 뉘앙스로 사용할 수 있다.

Don't tell me you lost the key.
설마 열쇠를 잃어버린 건 아니지?

PATTERN **talk (someone) into + 동명사**

설득하여 어떠한 행동을 하게끔 만드는 것을 의미한다. 반대인 무언가를 하지 않도록 설득하는 것은 <talk (someone) out of + 동명사>이다.

I think I can talk her into it. Just give me some time.
내가 그녀를 설득할 수 있을 것 같아. 그냥 시간을 좀 줘.

EXPRESSION **tear jerker**

'눈물을 짜내다'는 뜻으로 슬픔과 눈물을 일부러 유발하는 감성적인 책, 노래나 영화를 의미한다.

I'm not much of a fan of tear jerker movies. I prefer action.
난 눈물 짜내는 슬픈 영화는 별로 좋아하지 않아. 난 액션을 선호해.

MOST ASKED **'손발이 오그라들다'를 영어로는?**

'손발이 오그라들게 하다', '이불킥을 하게 하다'는 영어로 바로 makes me cringe이다. cringe는 '움찔하다, 움츠리다'라는 뜻으로 두려움, 혐오, 역겨움, 부끄러움, 민망함 등의 감정으로 인해 몸이 반응하는 것을 의미한다.

My past behavior makes me cringe.
나의 과거의 행동은 손발을 오그라들게 한다.

It makes me cringe to listen to my own voice.
내 목소리를 직접 듣는 건 손발이 오그라든다.

I have bigger fish to fry

더 중요한 일이 있다

나는 튀길 더 큰 생선이 있다고? 여기서 fish는 '일'이나 '약속'을 의미한다.
더 의미 있는 일이나 더 중요한 약속이 있다거나, 쓸데없는 일에 시간과 신경을
낭비하고 싶지 않을 때 사용할 수 있다. fish는 복수로 fishes가 아닌 fish이다.
헷갈릴 수 있으니 반드시 기억하자! bigger 대신 better 또는 other을 사용할
수도 있다.

Mylo	Is Lisa still mad at you?
Bell	Apparently. We haven't spoken for 6 months now.
Mylo	Oh geez. Lisa is such a drama queen.
Bell	Uh huh, she surely likes to stir the pot.
Mylo	You know what, you might be better off without her.
Bell	It's really not worth my time. **I have bigger fish to fry.**

마일로	리사 아직도 너한테 화나 있어?
벨	보다시피 그런가 보지. 서로 말 안 한 지 이제 6개월 됐어.
마일로	아휴. 리사는 진짜 별거 아닌 걸로 유난을 떨어.
벨	응, 진짜 문제를 일으키는 걸 좋아하는 듯.
마일로	야, 넌 리사가 없는 게 더 나을 수도 있어.
벨	정말 시간 낭비야. 난 더 중요한 일들이 있거든.

× · × · × · × · × · × · × · × · × · × · × · × · × **LET'S LEARN!**

 EXPRESSION ● **apparently**

'들은 바로는', '본 바로는'이라는 뜻으로 내가 말하는 정보에 100% 확신이
없거나 전체적인 내용을 완벽히 세세하게 알고 있지 않을 때 사용할 수 있다.
형용사 apparent는 '분명한'이란 뜻으로 부사 apparently와는 뉘앙스가 많이
다르다는 것도 알아 두자.

Apparently he was in a hurry. 그는 급했나 봐.

Geez!

놀라움, 짜증, 답답함 등을 나타내는 감탄사로 '세상에', '대박', '아휴' 등을
의미한다. 유사한 표현으로는 God!와 Gosh!가 있다.

Geez, your hands are huge.
대박, 너 손 진짜 크다.

Geez! You scared the hell
out of me!
아오! 너 때문에 간 떨어지는 줄 알았잖아!

EXPRESSION

drama queen

연극을 보면 보다 더 과장된 연기를 볼 수가 있는데 이처럼 매사 모든 일에
오버해서 반응하는 '여자'를 의미한다. 관심을 위해 비련의 여주인공처럼
호들갑을 떨거나, 유난을 떨고 조금만 힘들어도 세상이 끝날 것 같이 울며
사소한 일에도 한 편의 드라마를 찍는 사람을 뜻한다. 주변에 있으면 피곤하고
피하게 되는 사람임으로 부정적인 뜻을 내포하고 있다.

I can't keep calm because I'm a drama queen.
나는 차분할 수 없어. 난 드라마 퀸이니까.

*1939년에 영국 정부가 제2차 세계 대전을 앞두고 영국 국민들의 사기를 북돋기 위해
사용한 슬로건 'Keep calm and carry on(평정심을 유지하고 계속 가던 길을 가라)'을
패러디한 것이다.

IDIOM

stir the pot

불필요한 싸움을 만들고 자극하며 없어도 될 문제를 일으키거나 상황을
악화시키는 것을 의미한다. 일부러 싸움을 부추기는 것을 뜻하기도 한다.

Please don't stir the pot. Don't bring up the past.
제발 싸움 일으키지 마. 과거 이야기는 꺼내지 마.

EXPRESSION

better off

심리적으로, 경제적으로, 즉 여러 방면에서 '더 나은 상황에 처한다'는 뜻이며
<better off + 동명사>는 '~하는 게 낫다', '~하는 게 더 좋다'는 뜻의 패턴으로도
자주 사용된다.

You crack me up

너 정말 너무 웃겨

crack은 '갈라지다', '금이 가다'라는 뜻이기도 하지만 명사로 '마약'을 의미하기도 한다. 따라서 이 표현은 마약을 한 것처럼 미친 듯이, 정신없이 웃게 한다로 연결하면 뉘앙스를 더 쉽게 이해할 수 있다. 너무 웃겨 빵 터졌거나, 상대로 인해 배꼽을 잡고 깔깔 웃었다면 이렇게 말해 보자.

Bella   Stop dancing in class! Are you on crack?

Jeff   You don't know BTS? They are a thing now.

Bella    You crack me up so bad. You should be a comedian.

Jeff   I'm gonna audition for a boy band.

Bella   Dream on!

벨라   수업 시간에 춤 그만 춰! 미쳤어?
제프   BTS 몰라? 지금 핫해.
벨라   너 진짜 웃겨 죽겠다. 코미디언 해라.
제프   남자 아이돌 오디션 볼 거야.
벨라   꿈 깨라!

 LET'S LEARN!

SLANG ── **Are you on crack?**

crack은 앞서 언급한 것처럼 '마약'을 뜻한다. 따라서 '마약을 했느냐'로 상대의 행동이나 말이 어이가 없고, 충격적이며 믿기지 않을 때 Are you crazy?(미쳤어?)와 동일하게 사용되는 속어이다.

I can't believe you stole that. You are on crack!
네가 그걸 훔쳤다는 걸 믿을 수가 없어. 너 미쳤어!

a thing

'가벼운 썸'을 의미하기도 하며 널리 퍼진 하나의 현상, 즉 '유행'이며
인기가 많다는 뜻도 있다. 또한 anything을 강조한 '그 어떤 것도'로
사용되기도 한다.

I don't want to miss a thing. 난 그 어떤 것도 놓치고 싶지 않아.
*에어로 스미스의 노래 제목

UGG boots are a thing now. 어그 부츠가 요즘 유행이야.

Apparently they have a thing. 듣기로는 쟤들 썸 타는 듯.

EXPRESSION **so bad**

'매우 나쁘다'가 아닌 앞에 언급한 것을 very나 really와 같이 강조해 주는
표현으로 사용된다.

I want pizza so bad.   **I wanna go home so bad.**
나 피자가 너무 먹고 싶어.   몹시 집에 가고 싶다.

KONGLISH **'개그맨'은 콩글리시다!**

'개그맨'이나 '개그우먼'은 사실 콩글리시다. 영어권 국가에서 보편적으로
사용되는 올바른 표현은 comedian이다.

EXPRESSION **'아이돌'?**

idol(아이돌)은 사실 '우상'이란 뜻이며 K-POP이 전 세계적으로
유명해지면서 그룹으로 형성된 10대에서 20대 초반의 가수를 뜻하게
되었다. 사실 영어권 국가에서는 남자 그룹은 boy band 혹은 boy group,
여자 그룹은 girl group이라는 표현이 더 보편적이다.

EXPRESSION **Dream on!**

'계속해서 꿈을 꿔라'로 절대 이루어질 수 없으니 '꿈에서 깨'란 뜻이다.

You really thought I like you? Dream on!
정말 내가 널 좋아한다고 생각했어? 꿈 깨!

At the end of the day

결국 가장 중요한 건

말 그대로 '하루의 끝에서'란 뜻이기도 하지만 비유적으로 '결국에', '마침내', '결론적으로'라는 뜻으로 '마지막에 가장 중요한 건'이란 뉘앙스로 일상생활에뿐만 아니라 비즈니스에서도 자주 사용되는 표현이다. 인터넷상의 속어로 줄여서 '@TEOTD'라고도 한다.

Lora   It is so heartbreaking to see so much hate and segregation in our society today.

Kay   True, racism is getting out of hand these days.

Lora   **At the end of the day** there is just one race I believe, which is the human race.

Kay   Because we are human beings we tend to have bigotry by nature.

Lora   That is why we need to constantly teach and learn that racism is ignorant.

Kay   I strongly agree that education can change the world. We all need anti-racism education!

로라   오늘날 우리 사회에 많은 증오와 차별을 보는 건 참 마음 아파.
케이   맞아, 인종차별이 요즘 너무 심해지고 있어.
로라   결국 하나의 인종만 존재한다고 믿어. 그건 바로 인간이지.
케이   우리는 인간이기 때문에 본래 편견을 갖는 경향이 있어.
로라   그래서 우리는 계속 인종차별은 무지한 거라 가르치고 배워야 해.
케이   교육이 세상을 바꿀 수 있다고 나도 강력히 동의해. 우리 모두 반인종차별 교육이 필요해!

  **LET'S LEARN!**

 MOST CONFUSED • **segregation**

separation은 '분리', '구분' 또는 '헤어짐'을 의미하지만 segregation은 분리 뿐만 아니라 종교, 인종, 성별에 따른 '차별'을 의미한다.

Segregation of Whites and colored people was outlawed in 1954.
백인과 유색인들의 차별적 분리는 1954년 불법이 되었다.

IDIOM ● get out of hand

'걷잡을 수 없이, 손쓸 수 없이 되다'는 뜻이다. 너무 과해지거나 심해지는
것을 의미하기도 한다. 유사한 표현으로는 out of control이 있으며
반대로는 under control이란 표현이 있다.

Kids were getting out of hand at the playground.
아이들은 놀이터에서 통제 불가능했다.

Is everything under control?
모든 일이 통제 하에 있나요? ▶ 모든 게 잘 진행되고 있나요?

He gets out of control when he is drunk.
그는 술에 취하면 통제가 불가능해.

PATTERN ● tend to + 동사원형

'~한 경향이 있다', '~하는 편이다'는 뜻의 패턴으로 뒤에 동사원형이 온다.

I tend to get grouchy when I'm hungry.	Jenny tends to pig out when she gets under a lot of stress.
난 배고프면 까칠해지는 경향이 있어.	제니는 스트레스를 받으면 폭식하는 편이야.

EXPRESSION ● bigotry

'심한 편견'을 의미함으로 prejudice보다 훨씬 강한 뉘앙스를 가지고 있다.
bigotry는 논리와 이유가 타당하지 않은 개인의 생각과 믿음이며 어떠한
사람이나 특정 그룹을 향한 혐오에 가깝다. 대부분 다른 종교와 인종에 대한
편견과 혐오를 뜻한다.

Bigotry is a serious disease in our society.	We all need to try to overcome any forms of bigotry.
혐오적 편견은 우리 사회의 심각한 병이다.	우리는 어떠한 형태의 편견이라도 넘어서려 노력해야 한다.

Total package

엄친아[딸]

말 그대로 '토탈 패키지', 즉 모든 필요한 것이 하나로 포장되어 있다는 의미로 외모도 뛰어난데 성격도 좋으며 집안까지 완벽한 '모든 걸 갖춘 사람'을 의미한다. 우리가 뭐 하나 빠지지 않는 완벽한 사람을 '엄친아' 또는 '엄친딸'이라고 하는 것과 같다.

Jay   I think I'm starting to have feelings for Sarah. She is really fun to be with.

Anna   Sarah? She is a **total package**!

Jay   I know. She is totally out of my league.

Anna   You are the real deal. I don't know what you are talking about.

Jay   I feel like she's too good for me.

Anna   Oh, come on! Don't be a chicken!

제이   나 세라한테 감정이 생기는 것 같아. 걔랑 같이 있으면 너무 즐거워.
애나   세라? 완전 엄친딸이지.
제이   그러니까. 정말 내가 넘볼 수 없는 상대지.
애나   너 진국인 놈이야. 무슨 소리를 하는 거야.
제이   나한테 너무 넘치는 상대 같아서.
애나   아오, 야! 겁쟁이처럼 굴지 마!

LET'S LEARN!

EXPRESSION → **have feelings for**

누군가를 열렬히 사랑하는 건 아니지만 감정이 있다는 뜻이다. 여기서 feelings는 '느낌'이 아니라 '좋은 감정'이다. 헤어진 연인에게 아직 감정이 남아 있다고 말할 때도 자주 사용된다.

I still have feelings for Henry.
나 아직 헨리한테 감정이 남아 있어.

• **out of my league**

'나의 리그 밖에 있다', 즉 '나에겐 과분하고 감당할 수 없다'는 뜻이다.
따라서 사람이나 무언가가 자신의 수준보다 월등히 높아 맞지 않을 때
사용된다.

Harvard law school was way out of my league.
하버드 법대는 완전 내 능력 밖이었어.

• **real deal**

직역하면 '진짜 거래'로 이득을 주는 좋은 거래를 뜻하지만 deal은 물건,
상황, 사람 등 여러 가지를 지칭할 수 있다. 따라서 '진정성 있는', '훌륭한',
'가치 있는', '진국'이란 뜻으로도 해석될 수 있으며 '진짜 사실, 팩트'를
의미하기도 한다.

My relationship with Ken is the real deal.	So what's the real deal?
나와 켄의 관계는 진정성 있는 진짜야.	그래서 진짜 팩트는 뭐야?

• **too good for someone**

'나의 분수에 넘친다'는 뜻이다. for가 to로 바뀌면 의미가 달라지는데 too
good to me는 '나에게 너무 잘해 준다'는 뜻이니 헷갈리지 말자!

If you think he's too good for you then try to be good enough
for him.
그가 너에게 넘치는 사람이라고 생각한다면, 그에게 좋은 사람이 되려고 노력해 봐.

• **chicken**

chicken은 '닭'이지만 '겁쟁이'를 뜻하기도 한다. chicken out은 겁을 먹고
그만두는 것을 의미한다.

I'm such a chicken when it comes to driving.	I chickened out due to fear of rejection.
운전에 있어서 난 완전 겁쟁이야.	거절당할까 봐 두려워서 그만뒀어.

Whatever floats your boat

너 좋을 대로 해

'네가 행복하고 마음이 가는 대로 하라'로 '좋을 대로 해', '하고 싶은 대로 해',
'네가 좋다면 난 괜찮아' 등을 뜻한다. 무엇을 먹든, 무엇을 하든 별생각이
없고 상관없을 때 사용할 수 있으며 무례하지 않고 오히려 유머러스한
뉘앙스가 있다. 유사한 표현으로는 Whatever makes you happy,
Whatever tickles your pickle 등이 있다.

Bob   Where do you want to go for our dinner
      tonight? I'm in charge.
Lora I'm the most indecisive person.
Bob   Cheesecake factory?
Lora You are asking the wrong person.
      Whatever floats your boat.
Bob   You are no help.
Lora Anything works the best for everyone.

밥   오늘 회식 어디로 가고 싶어? 내가 담당이야.
로라   난 최고로 우유부단한 사람이야.
밥   치즈 케이크 팩토리?
로라   나한테 물어보지 마, 나 몰라. 너 좋을 대로 해.
밥   넌 도움이 안 돼.
로라   모두한테 좋은 거면 다 좋아.

 LET'S LEARN!

MOST ASKED → **'회식'은 영어로?**

한국인이 가장 많이 궁금해하는 표현 중 하나가 바로 '회식'이다.
미국에서는 회식이라는 문화가 거의 없기 때문에 안타깝게도 완벽한 번역은
어렵다. 굳이 하고 싶다면 staff dinner이라고 할 수 있고 staff party 같은
경우, 예를 들어 크리스마스나 창립기념일 등 특별한 날의 행사에 가깝다.
하지만 사실 dinner이란 표현이 가장 보편적이다. 친목 목적의 워크숍은
team building 또는 team get-together이란 표현이 더 적합하다. 언어는
문화와 함께 익혀야 한다는 것을 기억하자!

I have dinner with my
teammates tonight.
오늘 팀 사람들이랑 저녁 먹어.

We have Christmas staff party this
Friday.
이번 주 금요일에 직원들 크리스마스 파티가 있어.

IDIOM ● **in charge**

responsible과 동일하게 어떤 일의 책임을 지고 있고 담당이라는 뜻이다.

Who's in charge of this?
이거 담당자가 누구죠?

I'm in charge of HR.
저는 인사과 담당입니다.

MOST ASKED ● **'우유부단하다'는 영어로?**

decide는 '결정하다', '선택하다'라는 뜻의 동사다. 따라서 형용사
decisive는 '결정력 있고 자신이 원하는 것을 정확하게 아는 사람'을
뜻한다. 반대로 우유부단한 사람, 즉 '결정을 잘 못 내리는 사람'은
indecisive라고 할 수 있다.

You still haven't decided
what to wear?
Stop being so indecisive!
너 아직도 뭐 입을지 결정 안 했어?
우유부단하게 좀 굴지 마!

You can't be indecisive
about this anymore.
Make up your mind!
이거에 대해 더 이상 우유부단할 수
없어. 마음을 정해!

EXPRESSION ● **You are asking the wrong person.**

너는 틀린 사람에게 질문하고 있다? 즉 '질문에 답하기에 적합하지 않는
사람에게 묻고 있다'는 뜻으로 잘 모르겠다는 뉘앙스를 내포하고 있다.
반대로는 You are asking the right person.이 있다.

A: Do you know how to apply for schools in America?
　 미국 학교에 어떻게 지원하는지 알아?
B: You are asking the right person!
　 I went to college in the states.
　 정확한 답을 아는 사람에게 물어보네! 나 미국에서 대학 다녔어.

LET'S PRACTICE!

1. 주어진 어휘를 이용해서 문장을 만들어 보세요.

1   이건 내 스타일이야. (tea)

_____

2   나 너무 놀라서 영혼이 빠져나가는 줄 알았어. (I jumped)

_____

3   겁쟁이처럼 굴지 마! (chicken)

_____

4   너 정말 웃겨. (crack)

_____

5   너 좋을 대로 해. (float)

_____

6   그녀는 마음이 비단결이야. (gold)

_____

7   인종차별이 너무 심해지고 있어. (out of)

_____

8   나에겐 더 중요한 일이 있어. (fish)

_____

9   손발이 오그라들어. (it makes)

_____

10   인생은 항상 핑크빛이 아니야. (peaches)

_____

정답 1   1) This is my cup of tea. 2) I jumped out of my skin. 3) Don't be a chicken! 4) You crack me up. 5) Whatever floats your boat. 6) She has heart of gold. 7) Racism is getting out of hand. 8) I have bigger fish to fry. 9) It makes me cringe. 10) Life isn't always peaches and cream.

198

2. 같은 의미가 되도록 빈칸을 채워 보세요.

1 그녀는 엄친딸이야.

She is a ______________________.

2 근근이 먹고 살다

Make ______________________

3 당신이 먹는 음식이 바로 당신이다.

______________________ eat.

4 비련의 여주인공

Drama ______________________

5 결국 가장 중요한 건

At the ______________________

6 결혼하다

Tied ______________________

7 신파극

______________________ jerker

8 아이고, 이런!

__________ too __________!

9 목숨을 바칠 만큼 훌륭한

To ______________________

10 힘내!

Stay ______________________!

정답 2 1) total package 2) ends meet 3) You are what you 4) queen 5) end of the day 6) the knot 7) Tear 8) That's, bad 9) die for 10) strong

Day

81~90

Brush it off!

무시해!

먼지를 털듯 손으로 어깨를 쓸어내는 미국인들의 제스처를 본 적 있는가?
이것을 brush one's shoulders off라 하며 brush it off와 같은 표현이다.
누군가가 나에 대해 험담을 했거나, 불쾌한 경험을 했을 때 먼지를 털듯 툭툭
털어버리고 잊어버리는 것 또는 그냥 무시하는 것을 의미한다. 모든 부정적인
생각과 나쁜 에너지는 오늘 이 순간 Let's brush it off!(모두 털어버리자!)

Esther I had the rudest customer come in today.

Robin Yuck, one of those days, huh? I'm sorry.

Esther I'm trying to brush it off.

Robin Do whatever it takes to chillax tonight.
It's just a bad day, not a bad life.

Esther True. Shit happens!

Robin Yes, always! Let's laugh it off!

에스더 오늘 최고로 무례한 고객이 왔었어.
로빈   욱, 일진이 사나운 날이었구나, 그치? 아이고.
에스더 털어버리려고 노력 중이야.
로빈   오늘 밤에는 무조건 마음 가라앉히면서 푹 쉬도록 해. 그냥 거지 같은 하루였던
       거야. 거지 같은 인생이 아니라.
에스더 맞아. 개똥 같은 일이 일어나곤 하지!
로빈   응, 항상! 웃어넘겨 버리자!

×·×·×·×·×·×·×·×·×·×·×·×·×·×·×

EXCLAMATION ➡ **Yuck!**

'욱', '웩'으로 역겨움이나 혐오감을 뜻하는 감탄사이다. 유사한 표현으로는
Eww!가 있다.

Yuck! This smells like rotten eggs!
웩! 이거 썩은 계란 냄새 나!

• **one of those days**

살다 보면 꼭 예상대로 일이 풀리지 않고 이상하게 실수가 많은 날들이 있곤 한다. 이 표현은 '그런 날 중 하나다'로 앞서 언급한 '일이 잘 풀리지 않고 운수 없는 날'을 의미한다.

A: How was your day today?
오늘 하루 어땠어?

B: I had one of those days. My car wouldn't start in the morning and I cracked my phone screen.
재수 옴 붙은 그런 날이었어. 아침에는 시동이 안 걸리고 핸드폰 화면도 깨졌어.

• **chillax**

chill(쉬다, 진정하다)과 relax(긴장을 풀다)의 합성어이다. 이 표현은 '마음의 긴장을 풀고 휴식하다'를 의미하기도 하지만 chill out처럼 '진정하라'는 뜻으로도 쓰인다.

You two need to chillax.
Otherwise, I'm calling the cops.
둘 다 진정해. 그렇지 않으면 경찰을
부를 거야.

I'm gonna sleep in and just
chillax at home today.
난 오늘 늦잠 자고 그냥 빈둥빈둥
집에서 쉴 거야.

• **Shit happens!**

살다 보면 아무런 이유 없이 크고 작은 나쁜 일들이 일어나기 마련이라는 뜻이다. shit은 '똥'을 뜻하는 비속어이다. 따라서 '개똥 같은 일들이 일어나기도 한다'는 뜻으로 어쩔 수 없이 받아들여지야 별수 없다는 뉘앙스를 가지고 있다. 이것의 순화된 표현이 바로 Life happens.이다.

• **laugh it off**

어이가 없고 불쾌한 것을 가볍고 중요하지 않게 취급해 버리는 것을 의미한다. brush it off와 매우 비슷한 표현으로 '웃어 넘겨버리다'를 뜻한다.

I couldn't laugh his rude jokes off. He was definitely crossing the line.
난 그의 무례한 농담을 웃어넘기지 못했어. 그는 분명 선을 넘었어.

When pigs fly

절대 그럴 일은 없어

돼지가 하늘을 날 때? 돼지가 하늘을 난 것을 본 적이 있는가? 당연히 없을 것이다. 거의 일어나지 않을 가능성이 높거나 절대 불가능하다는 것을 비유적으로 묘사하는 표현이다. '내 손에 장을 지진다', '절대 그럴 일은 없어' '당연히 안 되지' 등을 의미한다. 다양하게 Pigs might fly. 또는 When pigs have wings.로도 쓰일 수 있다.

Dona	I've been hitting the gym lately and I feel great.
Lora	Have you been lifting weights? You look very toned.
Dona	Yes! I started to get rid of my muffin top. You could tag along.
Lora	I would when pigs fly. Haha. Just kidding.
Dona	Working out has enhanced my mood and improved my self-esteem.
Lora	I want to get rid of these flabby arms too!

도나	요즘 피트니스를 다니고 있는데 기분이 좋아.
로라	근육 운동도 하고 있어? 굉장히 탄력 있어 보여.
도나	응! 옆구리 살 없애려고 시작했어. 따라와.
로라	절대 그럴 일은 없어. 하하. 장난이야.
도나	운동이 내 기분도 나아지게 해 주고 자존감도 높여 줬어.
로라	나도 흐물거리는 팔뚝 살 없애고 싶어!

× · × · × · × · × · × · × · × · × · × · × · × · ×

SPOKEN ENG ─● **hit the gym**

hit은 '치다'라는 뜻 외에 '만나다', '하다', '다다르다', '봉착하다' 등 여러 가지 뜻을 가지고 있다. 따라서 hit the gym은 '헬스장을 간다'는 뜻으로 go to the gym과 동일한 표현이지만 조금 더 구어체에서 자주 쓰이는 캐주얼한 표현이다.

● **'헬스'는 콩글리시다!**

헬스장에서 운동하는 것을 흔히 '헬스한다'라고 말하는데, 영어로는 보통 work out이라고 한다. 그리고 헬스장은 gym 또는 fitness center라고 한다.

IDIOM ● **toned**

tone이 동사로 '근육을 탄탄하고 탄력 있게 만드는 것'을 의미한다. 따라서 toned는 '(몸매가) 탄력 있는'이란 뜻이다. tone과 유사한 표현으로 firm up이 있다.

Hyori's got a perfectly toned body. I'm so jealous!
효리는 완벽하게 탄탄한 몸을 가지고 있어. 정말 부러워!

SLANG ● **muffin top**

머핀의 윗부분처럼 바지 위로 삐져나오는 옆구리 살 또한 허리 군살을 일컫는 표현이다. 유사한 표현으로는 love handles가 있다.

I do sit ups every day to get rid of love handles.
난 옆구리 살을 없애려고 매일 윗몸 일으키기를 해.

IDIOM ● **tag along**

tag는 '꼬리표'다. 우리말에도 '꼬리표처럼 따라다닌다'는 말이 있듯이 이 표현은 따라붙는 것을 뜻한다. 특히 초대받지 않았음에도 불구하고 누군가를 따라가는 것을 의미한다.

Can I tag along?	**My little sister wants to tag along everywhere I go.**
나 따라가도 돼?	내 작은 여동생은 내가 어디를 가든지 따라다니고 싶어 해.

EXPRESSION ● **flabby**

flabby는 '힘이 없는', '무기력한' 또는 '(군살이) 축 늘어진'이란 뜻이다. 따라서 flabby는 흐물흐물 거리며 탄력은 1도 찾아볼 수 없는 팔뚝 살이나 뱃살을 묘사할 때 단골로 등장한다.

I want to firm up my flabby tummy.
흐물거리는 뱃살을 탄탄하게 만들고 싶어.

It's (all) Greek to me

도대체 모르겠다

영어권 국가에서 그리스어를 쓰면 어떨까? 당연히 아무도 알아들을 수 없을 것이다. '나에게 그리스어일 뿐이야'로 '나는 이해할 수 없다', '전혀 모르겠다', '나에게는 이방어나 마찬가지이다'라는 뜻이다. 이 표현은 셰익스피어가 저술한 희곡 <율리우스 카이사르>에 처음 등장했다.

Lora   Everyone is talking about the US presidential election but **it's all Greek to me**.

Tim   Which part don't you understand?

Lora   I heard Hilary couldn't win even though she won the popular vote last election.

Tim   Oh, you are talking about the electoral college.

Lora   Yeah, it is so confusing!

Tim   Because of this system it is crucial to win the key swing states.

로라   모두가 미국 대통령 선거에 대해서 이야기하는데 난 하나도 모르겠어.
팀   어떤 부분이 이해가 안 되는데?
로라   지난 선거에서 힐러리가 일반 투표를 이겼는데도 이기지 못했다고 들었어.
팀   아, 선거인단을 말하는 거구나.
로라   응, 너무 헷갈려!
팀   그 시스템 때문에 중요한 경합 주에서 이기는 게 결정적이야.

*미국 대통령 선거
미국에서는 electorate(일반 유권자)가 직접 자신이 원하는 대통령이 아닌 electoral college(선거인단)에게 먼저 투표한 후 선거인단이 대통령을 선출한다. 선거인단은 각 주에서 그 주의 인구에 비례하여 뽑힌다. 로라가 살다 온 캘리포니아는 인구수가 가장 많아 55명의 선거인단이 있으며 총 538명이다. 아무리 popular vote(일반 투표)이나 poll(여론 조사)이 보여 주는 지지율이 높아도 패배할 수 있다. 예를 들어 캘리포니아에서 단 1표 차이로 A라는 후보가 이겨도 55명의 electoral college vote(선거인단 표)를 '전부' A라는 후보에게 몰아주게 되어 있다. 이것을 winner take all(승자독식)이라고 한다. 캘리포니아에서 단 1표 차이로 져도 55명의 선거인단의 표를 전부 잃게 되는 것이다. 먼저 270명 이상의 선거인단의 표를 가진 candidate(출마자)이 미국 대통령으로 최종 선출된다. 미국은 연방국가이기 때문에 각 주를 하나의 덩어리로 취급한다는 것을 생각한다면 훨씬 더 이해하기가 쉬울 것이다.

 swing states

'경합 주'라고 하여 우리나라의 경상도나 전라도처럼 뚜렷하게 특정 정치적 색깔을 가지지 않은 주(state)를 의미한다. 따라서 미국 대통령 선거에서는 경합 주를 공략하는 것이 매우 중요하다. 동일한 표현으로 battleground states라고 하기도 한다.

This year the key Swing States were Wisconsin, Pennsylvania, Michigan and North Carolina.
올해 중요한 경합 주는 위스콘신, 펜실베이니아, 미시간 그리고 노스캐롤라이나였다.

swing voter / floating voter

swing은 '전후좌우로 흔들리다'라는 뜻이며 voter는 '투표자'이다. 따라서 누구를 뽑을지 모르고 마음이 왔다 갔다 정해지지 않은 유권자를 의미한다. 동일한 표현으로는 floating voter이 있다.

I do not advocate neither Republican nor Democrat. I'm a swing voter.
난 공화당도 민주당도 지지하지 않아. 난 부동층이야.

running mate

대통령 후보와 같이 뛰는 '동반 출마자'로 vice president(부대통령) 후보를 의미한다.

Joe Biden's running mate was Kamala Harris. She became the very first female vice president.
조 바이든의 동반 출마자는 카멀라 해리스였다. 그녀는 여성 최초 부대통령이 되었다.

Have hiccups

작은 문제가 있다

hiccup은 '딸꾹질'이지만 숙어로 비유적으로 사용되었을 경우 '크지 않고
심각하지 않은 작은 문제나 어려움' 등을 의미한다. 대부분 쉽게 해결될 수
있는 것들을 뜻한다. 이번에는 호텔이나 숙소에서 문제가 생겼을 경우 실제로
사용할 수 있는 표현들까지 살펴보자.

Front desk	Thanks for calling the Front desk. How may I help you?
Lora	Hi, I'm having slight hiccups here. My bathroom sink isn't draining very well and the bedroom lights are flickering. I was wondering if I could get a room change.
Front desk	I'm terribly sorry about that. I'll take care of it right now.
Lora	Thank you. Could I get extra complimentary water bottles?
Front desk	Absolutely.
Lora	Also a kettle, please!

프런트 프런트에 전화 주셔서 감사합니다. 무엇을 도와 드릴까요?
로라 안녕하세요, 여기 문제가 좀 있어요. 화장실 세면대의 물이 잘 안 내려가고 침대
조명이 깜박 깜박거려요. 방을 바꿔 주실 수 있을까요?
프런트 정말 죄송합니다. 지금 처리해 드리겠습니다.
로라 감사합니다. 호텔에서 무료로 제공하는 물을 더 주실 수 있나요?
프런트 당연하죠.
로라 커피포트도 부탁드립니다!

LET'S LEARN!

 MOST ASKED

'세면대 물이 안 내려가요!', '변기에 물이 내려가지 않아요!'를 영어로는?

호텔에 가면 물이 내려가지 않을 수도 있고 여러 문제에 봉착할 수 있으니
여행 가기 전 반드시 알아 둬야 하는 표현이 아닐 수 없다. 물이 내려가지

않을 때는 The sink isn't draining 또는 Water won't go down the drain.이라고 할 수 있으며 변기가 내려가지 않을 경우 The toilet isn't flushing. 또는 The toilet is clogged.라고 하면 된다.

Don't flush wet wipes down the toilet.
변기에 물티슈를 버리지 마시오.

PATTERN ● I was wondering if ~

무언가를 정중하게 부탁할 때 사용할 수 있는 패턴이다. Can I ~보다는 Could I ~가 훨씬 공손하며 I was wondering if ~는 May I ~보다 훨씬 더 공손한 느낌이다. 직역하면 '혹시 ~가 가능할지 궁금합니다'로 be동사가 was인 것도 과거로 말할 때 더 공손하게 들리기 때문이다.

Excuse me, I was wondering if I could get a refill.
저기요, 리필 혹시 가능할까요?

I was wondering if I could get more salad dressing.
샐러드드레싱 더 주시겠어요?

PATTERN ● take care of (something)

대부분 '보살피다'라는 뜻으로 알고 있지만 이 표현은 어떠한 일을 '처리하다'라는 뜻으로 사무실에서, 비즈니스에서도 매우 자주 사용된다.

Who took care of this?
이거 누가 처리했니?

Take care of this immediately!
이거 당장 처리해!

EXPRESSION ● complimentary

'무료의'라는 뜻이며 호텔에서는 free보다는 이 표현을 사용한다. 잘못하면 비싼 돈을 지불하고 물을 마실 수도 있으니 반드시 complimentary인지 확인하자. amenities는 호텔에서 제공하는 샴푸, 비누 로션 등을 의미한다.

KONGLISH ● '커피포트'는 콩글리시다!

호텔에 가면 우리에게 반드시 필요한 것 중 하나가 바로 '커피포트'이다. 물을 끓여서 컵라면을 먹거나 커피를 마셔야 하기 때문이다. 만약 룸에 coffee maker(커피 끓이는 기구)가 없다면 대부분 coffee pot(커피포트)을 찾고 소통이 되지 않음을 경험했을 것이다. 간단하게 kettle(주전자)이라고 하면 된다. 물론 정확하게는 electric kettle(전기 주전자)이지만, 그냥 kettle이라고 말하는 게 일반적이다.

Excuse my French

막말해서 미안해요

욕이나 비하 발언을 하고 나서 혹은 전에 '말을 함부로 해서 미안하다', '욕을
해서 미안하다', 내가 하는 말이 재수 없겠지만' 등의 뜻으로 사용된다.
Pardon my French.나 Excuse my language.라고 하기도 한다. 영어권
국가에서는 문제없이 자주 쓰이지만 프랑스인에게는 무례하게 들릴 수 있다는
것도 알아 두자!

Mom	Give me your phone. Your phone is confiscated.
Son	What? Bullshit!
Mom	What did you just say? Watch your language!
Son	Excuse my French but this isn't fair!
Mom	You are grounded for a week. Go upstairs!
Son	You can't do this to me, Mom!

엄마 핸드폰 내놔. 핸드폰 압수야.
아들 네? 헛소리!
엄마 방금 뭐라고? 말조심하지 못해!
아들 욕해서 죄송해요. 근데 이건 억울해요!
엄마 너 일주일간 외출 금지야. 2층으로 올라가!
아들 엄마, 나한테 이럴 수 없어!

LET'S LEARN!

KONGLISH ● '핸드폰'은 콩글리시다!

손 전화? hand phone은 당연히 콩글리시다. cell phone, mobile phone
등 정확한 표현들이 있지만 보편적으로 대부분 그냥 phone이라고 한다.
사무실에서 쓰는 유선 전화는 land phone 혹은 landline phone이라고
한다.

• **bullshit**

황소 똥? shit은 '똥' 혹은 '똥을 싸다'라는 뜻이지만 비속어로 욕에 가깝다.
이 표현은 '허튼소리', '거짓말', '말도 안 되는 소리'란 뜻으로 속된 말로
'개소리'에 가깝다. 줄여서 BS로도 많이 쓰며 동사로도 사용한다.

Stop bullshitting me! 나한테 말도 안 되는 거짓말 그만해!

• **Watch your language!**

여기서 watch는 '보다'가 아닌 '조심하라'는 뜻이다. '너 말조심해!'라는
뜻으로 자주 사용되며 Watch your를 생략하고 Language!라고만 말할
수도 있다.

• **'억울하다'는 영어로?**

fair는 '공평한, 공정한'이란 뜻인데 부정어 not과 함께 쓰여 '공정하지
않은', 즉 '억울한'의 의미로 쓰인다. '이런 게 어디 있어!', '이건 말도 안
돼'라는 의미로 억울함을 토로할 때 자주 사용된다.

This is so not fair! I didn't do anything to deserve this.
이건 너무 억울해! 난 이런 대우를 받을 만한 행동을 한 적이 없어.

• **grounded**

미국 십 대 영화에 단골로 등장하는 표현 중 하나가 '외출 금지'이다.
grounded는 땅에 묶였다고 해서 '비행이 금지되었다'는 뜻으로도
사용되는데 '별로 밖에 나가지 못하고 친구들을 볼 수 없다'는 의미로 십
대들 사이에서 정말 많이 사용된다.

I'm sorry I can't go out tonight. I got grounded.
미안해, 오늘 저녁에 못 나가. 나 외출 금지당했어.

• **'go upstairs'에서 전치사 to는?**

upstairs는 '위층'을 뜻하는 명사이지만 부사로도 사용되어 '위층에',
'위층으로'가 될 수 있다. 전치사 to를 붙여 go to upstairs(x)는 한국인들이
가장 자주 하는 실수 중 하나이다. downstairs의 경우에도 동일하다.

Come upstairs! I'm upstairs now.
위층으로 올라와! 나 지금 위층에 있어.

Lose one's touch

감을 잃다

'빼어났던 실력이나 솜씨를 잃어버리는 것'을 뜻한다. 따라서 부정으로 You haven't lost your touch!는 실력이 녹슬지 않았고 여전히 훌륭하다는 의미가 된다. '연락이 끊어지다'는 뜻의 lose touch와 헷갈리지 않도록 조심하자. 언어는 감을 잃지 않기 위해 꾸준히 끊임없는 연습이 필요하다. 잊지 말자. **Practice makes perfect!**(연습이 완벽함을 만든다!)

Drew   I don't get chicks like I used to. I've totally lost my touch.
Alice   Your pick up lines are way too cheesy, yo.
Drew   "Did you get your license suspended for driving guys crazy?" What about it?
Alice   Eww, I got goosebumps.
Drew   Did it hurt? When you fell from heaven?
Alice   Stop!

드류   예전만큼 여자들을 못 만나. 완전 감을 잃었어.
앨리스   너의 작업 멘트들 너무 느끼해, 야.
드류   "모든 남자들을 미치게 해서 운전면허증이 정지되었나요?" 이게 어때서?
앨리스   웩, 소름 돋았어.
드류   아팠나요? 하늘에서 떨어졌을 때?
앨리스   그만해!

× · × · × · × · × · × · × · × · × · × · × · ×

SLANG ● **chick**

'병아리'를 의미하지만 '어린 여자'나 그냥 '여자'를 뜻하기도 한다. 남자들 사이에서 굉장히 자주 사용되며 불쾌한 표현은 아니지만 기분 나쁘게 받아들이는 여성들이 간혹 있기도 하다.

Did you see that chick? She's hot.
저 여자 봤어? 정말 섹시해.

'헌팅'은 콩글리시다!

길에서 마음에 드는 이성에게 다가가 전화번호를 묻거나 데이트 신청을 하는 것을 우리는 흔히 '헌팅'이라고 한다. 하지만 영어로 hunting은 '동물을 사냥하는 것'을 뜻한다. 올바른 표현은 pick up이다. 따라서 작업 멘트를 pick-up line이라고 한다.

He always tries to pick up girls at bars.
그는 항상 바에서 여자를 꼬시려고 해.

'느끼하다'는 영어로?

한국인이 가장 많이 궁금해하는 표현 중 하나가 바로 '느끼하다'이다. oily나 greasy는 '기름진'으로 느끼한 음식을 묘사할 때 쓰이지 사람을 묘사할 때는 쓰지 않는다. 사실 정확하게 대체할 수 있는 표현은 없다. 미국인들은 원래 문화적으로, 태생이 느끼하기 때문이다. cheesy는 본래 살짝 '불쾌한', '싸구려'의 뜻을 가지고 있지만 '사랑에 있어서 너무 감성적이고, 느끼하며 유치한 것'을 의미하기도 한다.

I want to do cheesy things with my boyfriend like wearing matching outfits.
남자 친구랑 커플 옷 입고 이런 유치한 거 하고 싶어.

yo

환영할 때, 부를 때, 관심을 끌 때, 또는 신남을 표현할 때 '야', '어이'로 감탄사처럼 쓰인다.

| **Yo, that's awesome.** | **Hey, yo!** |
| 와, 그거 대박이다. | 어이, 야! |

'소름 돋다', '닭살'은 영어로?

'닭살'을 직역해서 chicken skin(x)이라고 하는 것은 틀린 표현이다! 올바른 표현은 goosebumps이다. 소름이 돋으면 닭살이 돋기 때문에 '소름 돋는다'라는 뜻으로도 사용된다.

She's got a heavenly voice. It gives me goosebumps when she sings.
그녀는 천상의 목소리를 가졌어. 그녀가 노래를 부르면 소름이 끼쳐.

Throw someone under the bus

배신하다

버스 밑으로 누군가를 던진다고? 굉장히 충격적이지만 사실 들리는 것만큼은
아니다. 자신의 이득을 위해서 누군가를 배신하거나 희생시키는 것을 뜻한다.
자신이 곤경에 처할 것 같은 상황에서 오히려 남을 비난하는 것, 탓하는 것,
벌을 주는 것 등을 의미한다. 아이들이 벌을 받지 않으려고 서로를 탓할 때
자주 사용되는 표현이다.

Jennifer Did you tell the boss that I misinformed you
the date of the meeting?

Dylan Yeah. You said the meeting has been
postponed.

Jennifer I never said that! You are putting words in
my mouth.

Dylan Why are you so angry?

Jennifer Because you are trying to throw me under
the bus. You are twisting my words!

Dylan I'm sorry but that's exactly what you said.

제니퍼 너 보스한테 내가 미팅 날짜 잘못 알려 줬다고 했어?
딜런 응. 네가 미팅 미뤄졌다고 했잖아.
제니퍼 난 그런 말 한 적 없어! 넌 내가 하지도 않은 말을 했다고 우기고 있어.
딜런 왜 이렇게 화를 내?
제니퍼 나한테 덮어씌우려고 하니까. 내가 하지도 않은 말을 했다고 거짓말하고 있잖아!
딜런 미안하지만 정확하게 네가 그렇게 말했어.

×·×·×·×·×·×·×·×·×·×·×·×·×

 postpone vs. delay

사전적 의미로는 둘 다 '미루다', '지연하다'를 뜻하지만 뉘앙스가 조금
다르게 사용될 때가 있다. delay는 대부분 사전 계획 없이 자연재해나 특정
상황으로 인해 어쩔 수 없이 시간이 미뤄지는 것을 의미한다.

하지만 postpone의 경우 미리 계획적으로 행사나 미팅을 미래에 다른 날로 변경하는 것을 의미한다.

The meeting is delayed.
회의가 지연되었다.
▸ 회의가 지연되어서 시작해야 하는 시간이 지났음을 의미한다.

The meeting is postponed.
회의가 연기되었다.
▸ 회의가 미래에 다른 날로 변경된 것을 의미한다.

My flight got delayed due to heavy snow.
비행기가 눈이 많이 와서 지연됐어.
*나의 의지와 상관없이 자연재해로 인해 미뤄져 기다리고 있음을 의미한다.

PATTERN ● **I've never + p.p.**

'나는 한 번도 ~해 본 적 없다', '~한 적 없다'는 뜻의 패턴으로 밥 먹듯이 원어민들이 매일 사용하는 패턴이다. I have never이지만 구어체에서는 have를 생략하고 I never이라고 말하기도 한다.

I've never tried Gopchang. | **I've never been to Germany.**
난 곱창을 먹어 본 적 없어. | 난 독일에 가 본 적 없어.

IDIOM ● **put words in my mouth**

하지 않은 말이나 의도하지 않았던 것을 했다고 하는 것을 의미한다. 악의로 거짓말하는 것을 뜻할 수도 있으며 왜곡시키거나 오해하는 것이 될 수도 있다.

Don't put words in my mouth. I've never said that!
내가 하지도 않은 말을 했다고 하지 마. 난 그런 말 한 적 없어!

IDIOM ● **twist one's words**

twist는 '비틀다', '반전' 등 여러 가지 뜻이 있지만 사실을 '왜곡하다'를 의미하기도 한다. 따라서 이 표현은 누군가의 말이나 글을 왜곡하고 잘못 해석하는 것을 의미한다. twist fact[truth]는 자신의 이득을 위해 혹은 누군가에게 해를 끼치기 위해 사실을 왜곡하는 것을 의미한다.

Sometimes the media twists facts.
미디어는 가끔 사실을 왜곡시킨다.

Wear one's heart on one's sleeve

감정을 그대로 드러내다

감정이나 생각을 숨기거나 억압하지 않고 그대로 드러내는 것을 의미한다. '심장을 꺼내 소매에 입는다'로 행동이나 말에서 감정이 적나라하게 드러나 주변 사람들이 모를 수 없는 것을 말한다. 특히 '사랑하는 감정을 감추지 않고 드러낸다'는 뜻으로 많이 사용된다.

Colon   Lighten up!

Sarah   Everything here is not hunky-dory.

Colon   I know but you can't **wear your heart on your sleeve** all the time. You are making everyone feel uncomfy.

Sarah   But I can't help it.

Colon   You need to learn how to discipline and contain your emotions. I've wanted to get this off my chest for a long time.

코론 좀 웃어!

세라 여기 모든 게 불만족스러워.

코론 알아, 하지만 너의 감정을 항상 그대로 드러낼 수는 없어. 넌 모든 사람들을 불편하게 하고 있어.

세라 하지만 어쩔 수 없어.

코론 너의 감정을 잘 단련하고 제어하는 걸 배워야 해. 이 말 오래전부터 말해 주고 싶었어.

× · × · × · × · × · × · × · × · × · × · × · ×   **LET'S LEARN!**

IDIOM — **lighten up**

더 밝은색으로 톤을 높이는 것을 의미하기도 하지만, 명령문으로 너무 우울하고 심각하지 말라는 뜻으로 '기운 내', '좀 웃어 봐', 힘을 내 봐', '기분 풀어' 등으로 사용된다.

I want to lighten up my hair a bit.
헤어 톤을 조금 밝게 하고 싶어요.

A glass of wine lightens up my mood.
와인 한 잔은 나의 기분을 풀어 준다.

SLANG • **hunky-dory**

이벤트나 상황이 바랬던 만큼, 기대했던 것만큼 만족스럽고 더할 나위 없이 좋은 것을 의미한다. 기분이 너무 좋을 때도 사용할 수 있다.

All the kids were hunky-dory playing with new toys.
모든 아이들을 새 장난감을 가지고 놀며 매우 만족해했다.

Today's important meeting was hunky-dory and our boss is very pleased.
오늘의 중요한 미팅은 문제없이 너무 만족스러웠고 우리 상사는 굉장히 기분이 좋아.

SPOKEN ENG • **uncomfy**

uncomfortable(불편한)을 구어체에서 줄여서 이렇게 표현하는 것을 자주 볼 수 있다. comfortable(편한)은 줄여서 comfy라고 한다.

EXPRESSION • **I can't help it**

상황이 어쩔 수 없을 때 혹은 본문에서처럼 나 자신이 제어가 되지 않아 나도 나를 어떻게 할 수 없는 상황으로 '어쩔 수 없어'란 뜻이다. <I can't help + 동명사> 형태로 '~할 수밖에 없다'로 사용할 수 있다.

I can't help loving you because you are so lovable.
널 사랑할 수밖에 없어. 왜냐하면 넌 정말 사랑스러우니까.

IDIOM • **get (something) off one's chest**

허심탄회하게 마음에 오래 담아 두었던 것을 이야기하고 속이 시원해지는 것을 의미한다. 고민을 털어놓거나 잘못을 솔직히 고백하는 것을 포함한다.

Let's get things off our chests and talk about what's been bothering.
우리 허심탄회하게 무엇이 신경을 거슬리게 했는지 속 이야기를 해 보자.

Hit the sack

잠자리에 들다

sack은 굵고 거친 삼실로 짠 커다란 자루, 즉 '마대'를 뜻한다. 아주 오래전
사람들은 마대나 쌓아 둔 건초 위에서 혹은 베개 삼아 잠을 자곤 했기 때문에
이 표현은 잠을 자려고 침대에 가는 것을 의미한다. 유사한 표현으로는 hit the
hay가 있다.

Erica   I'm gonna **hit the sack** now.
Marc   It's 9 right now.
Erica   I've got a big day ahead of me **tomorrow.** I've
              gotta get my beauty sleep.
Marc   Whatever it is, crossing my fingers for you.
Erica   Thank you. Nighty night.
Marc   Don't let the bed bugs bite. Sweet dreams.

에리카   이제 자야겠다.
마크   지금 9시야.
에리카   내일 중요한 날을 앞두고 있어. 나의 아름다움을 위해 충분히 자야 해.
마크   그게 뭐든지 행운을 빌어.
에리카   고마워. 굿 밤.
마크   잘 자. 좋은 꿈 꿔.

EXPRESSION → **I've got a big day ahead of me.**

여기서 big은 크기가 '큰'이 아닌 '중요한'을 의미한다. big day는 중요한
날로 면접, 결혼식, 첫 출근 등 개인마다 다양한 것을 의미할 수 있다.

We've got a big day ahead of us tomorrow! I hope our meeting
goes well.
우리 내일 중요한 날이야! 미팅이 잘 진행되면 좋겠어.

IDIOM • **beauty sleep**

'잠자는 숲속의 공주'에서 유래된 표현으로 7~9시간의 '충분한 잠'을
말한다. 12시 전 충분히 잘 자야 피부가 좋아지고 건강해지며 피곤해 보이지
않기 때문이다.

You couldn't get your beauty sleep last night, huh? You have
dark circles under your eyes.
어젯밤에 충분히 잠을 못 잤구나. 그치? 네 눈 밑에 다크서클 있어.

EXPRESSION • **nighty night**

이 표현은 good night의 귀여운 버전이다. good night이 '좋은 밤
되세요'라면 nighty night은 '굿 밤'과 유사하며 아이들이 많이 사용한다.
하지만 다정한 뉘앙스로 누구에게나 사용될 수 있다.

Nighty night. Sleep tight.
굿 밤. 잘 자.

IDIOM • **Don't let the bed bugs bite.**

직역하면 '침대 벌레가 물지 않게 하라'이다. 한 번쯤 한여름에 모기에게 물려
새벽에 깨어나 괴로웠던 적이 있을 것이다. 따라서 '깨지 말고 푹 잘 자라'는
뜻이다. 아이들에게 불러 주는 노래 가사에 'Good night, sleep tight, don't
let the bed bugs bite'가 있으며 이 순서 그대로 자주 사용된다.

See you in the morning, sweetie. Don't let the bed bugs bite.
아침에 만나자, 아가야. 잘 자.

EXPRESSION • **Sweet dreams.**

'좋은 꿈 꿔'라는 뜻으로 악몽 꾸지 말고 평안히 잘 자라는 뉘앙스를 가지고
있다.

A: Sweet dreams.
　　잘 자.
B: Sweet dreams to you, too.
　　너도 좋은 꿈 꿔.

Get one's ducks in a row

만반의 준비를 하다

일렬로 나열된 오리는 왠지 깔끔하게 정리되고 준비된 느낌을 주지 않는가?
따라서 이 표현은 '계획하고 있는 무언가를 위해 작은 것 하나하나까지 전부
체계적으로 준비하는 것'을 의미한다. 또는 '앞으로 일어날 일에 대비해
철저하게 준비하는 것'을 뜻하기도 한다.

Son   The turkey smells finger licking good! Where is the cranberry sauce by the way?

Mom   It is in the fridge. Can you put this gravy on the table, too?

Son   Wow, Mom! You've really got your ducks in a row for this Thanksgiving!

Mom   Let's say the grace and dig in, everybody.

Son   May God bless us and everyone around us. Amen!

Mom   Hope you all enjoy the food!

아들   칠면조 냄새가 대박! 크랜베리 소스는 근데 어디 있어요?
엄마   냉장고에 있어. 이 그레이비도 식탁 위에 올려놔 줄래?
아들   와, 엄마! 이번 추수감사절을 위해 정말 만반의 준비를 하셨네요!
엄마   함께 기도하고 모두 맛있게 먹자.
아들   우리와 우리 주변의 모두를 축복해 주세요. 아멘!
엄마   모두 음식 맛있게 먹어요!

  **LET'S LEARN!**

 finger licking good

'손가락에 묻은 음식까지도 핥아먹을 정도로 맛있다'는 뜻으로 KFC의
오래된 슬로건이기도 하다.

This fried chicken is finger licking good!
이 닭튀김 진짜 완전 맛있다!

CULTURE ● **cranberry sauce, gravy**

'추수감사절' 하면 칠면조가 떠오르는데 크랜베리 소스(cranberry sauce)와 그레이비(gravy)는 칠면조와 떼려야 뗄 수 없는 소스이다. 꼭 한 번쯤 이 조합을 먹어 볼 것을 추천한다. 이미지를 검색해 보는 것도!

CULTURE ● **say the grace**

추수감사절에는 모든 가족이 식탁에 둘러앉아 서로 손을 잡고 1년 동안 받은 은혜에 대해 감사하며 기도하는 것이 미국 문화이다. '기도하다'는 영어로 say the grace, say a prayer, pray 등 다양하게 표현할 수 있다.

MOST ASKED ● **'먹자'는 영어로?**

금강산도 식후경이다. '먹자', '맛있게 먹자'는 영어로 Let's eat.이며 조금 더 편한 표현으로는 Let's dig in.이 있다. '잘 먹겠습니다!'는 그저 Thank you!로 대체할 수 있다.

A: Let's dig in.
　　자, 먹죠.
B: Thank you so much for the food you made!
　　만든 음식 감사해요! ▶ 잘 먹겠습니다!

MOST MISTAKEN ● **'맛있게 드세요!'는 영어로?**

직역해서 Eat deliciously!(X)는 가장 빈번하게 사용되는 영어 실수 중 하나이다. 올바른 표현은 의외로 굉장히 간단하다. 바로 enjoy이다. Enjoy your food! / Enjoy your meal! / Hope you enjoy! 등 다양하게 응용해서 사용할 수 있다. 또는 프랑스어이지만 미국 사람들도 Bon appetite!를 사용하기도 한다.

A: Did you enjoy the food?
　　맛있게 드셨나요?
B: Yes, I totally loved it! Thank you!
　　네, 정말 맛있었어요! 감사합니다!

1. 주어진 어휘를 이용해서 문장을 만들어 보세요.

1   문제가 좀 있어요. (slight)

_____

2   도대체 모르겠어. (Greek)

_____

3   이건 억울해. (This isn't)

_____

4   나는 감을 잃었어. (my)

_____

5   넌 내가 하지도 않은 말을 했다고 우기고 있어. (in my mouth)

_____

6   넌 나에게 덮어씌우려고 하고 있어. (under the bus)

_____

7   나는 감정을 숨기지 않아. (I wear)

_____

8   난 가서 잘게. (the sack)

_____

9   너 굉장히 탄력 있어 보여. (toned)

_____

10   나 닭살 돋았어. (I got)

_____

2.

같은 의미가 되도록 빈칸을 채워 보세요.

1   막말해서 미안해요.

Excuse my _____.

2   무시해!

_____ it off!

3   만반의 준비를 해야 해.

I need to get _____.

4   호텔에서 무료로 제공하는 물

_____ water bottles

5   절대 그럴 일은 없어.

_____ fly.

6   헛소리!

_____ shit!

7   웃어넘기자.

Let's _____.

8   경합 주

_____ state

9   좀 웃어.

_____ up.

10   진정해.

C_____.

Day

91~100

Get to the bottom of it

원인을 찾다

어떠한 일이 일어난 진짜 이유를 밝혀내는 것, 즉 '진상을 규명하다'라는 뜻이다. 조사를 통해 숨겨져 있는 이유를 찾는 것을 의미하기도 하지만 문제의 해결책을 찾는 것을 말하기도 한다. 유사한 표현으로 lie[be] at the bottom이 있다. 이 표현은 '바닥에'란 뜻이면서 무언가를 일으킨 근본적인 이유를 의미하기도 한다.

Day 91

Mary   Sarah said she will sue Melissa for spreading malicious rumors about her.

Carl   You can't be serious!

Mary   Isn't Melissa infamous for having a big mouth?

Carl   No way! The Melissa I know is not that type of a person.

Mary   Why are you taking her side?

Carl   I really need to **get to the bottom of** what happened. Something is very wrong!

메리   세라가 멜리사가 자기에 대한 악의적인 루머를 퍼트리고 다닌다고 고소한대.
칼   말도 안 돼!
메리   멜리사 입 싼 걸로 유명하지 않아?
칼   절대 아니야! 내가 아는 멜리사는 그런 사람이 아니야.
메리   왜 그녀의 편을 들어?
칼   진짜 무슨 일이 있었는지 진상 규명을 해야겠어. 뭔가 굉장히 잘못됐어!

× · × · × · × · × · × · × · × · × · × · ×   **LET'S LEARN!**

CULTURE • **sue**

sue는 '고소하다'는 뜻이며 file a lawsuit이라고도 한다. 미국은 '고소의 나라'라고도 할 정도로 우리가 상상도 할 수 없는 것들도 고소하는 경우를 볼 수 있다. 예를 들어 샌드위치 프랜차이즈 '써브웨이'는 광고와 달리 샌드위치 길이가 1인치 짧다는 이유로 고소를 당한 적이 있다. I'll sue you.(너 고소할 거야.)는 이를 풍자하듯 자주 등장하는 표현이기도 하다. 미국인들은 자신의 권리를 매우 중요하게 생각하며 자신의 권리가 보호받지 못하면 참지 않는 편이다.

I filed a lawsuit against the company.
나는 회사를 상대로 고소했다.

IDIOM • **You can't be serious!**

상대가 한 말이 믿기지가 않을 때 '말도 안 된다'는 의미로 사용된다. 유사한 표현으로 You've got to be kidding me.가 있다.

A: OMG! I've won a lottery!
대박! 나 로또에 당첨됐어!

B: You can't be serious!
말도 안 돼!

MOST CONFUSED • **famous vs. infamous**

두 표현 모두 '유명한'이라는 뜻이지만 famous는 긍정적인 뉘앙스를 가지고 있는 반면 infamous는 부정적인 뉘앙스로 '악명 높은'을 의미한다.

MOST ASKED • **'입이 싸다'는 영어로?**

'입이 싸다'는 영어로 무엇일까? have a big mouth라고 하며 can't keep a secret라고 할 수도 있다. big mouth는 '입이 싼 사람, 수다쟁이'를 의미한다.

Nancy has a big mouth. She really can't keep a secret.
낸시는 정말 입이 가벼워. 그녀는 비밀을 지키지 못해.

EXPRESSION • **take one's side**

언쟁이나 불화가 있는 상황에서 '누군가의 편을 든다'는 뜻이다.

I'm not taking anyone's side.
난 누구의 편을 드는 게 아니야.

She never takes sides.
She always stays neutral.
그녀는 절대 편을 들지 않아.
항상 중립이야.

Beggars can't be choosers

찬밥 더운밥 가릴 신세가 아니다

거지는 선택의 여지가 없다, 즉 '얻어먹는 놈이 쓰다 달다 할 수 있나?', '감지덕지다', '좋고 싫고 가릴 때가 아니다' 등의 뜻이 있다. 선택권이 없을 때는 주어진 것이 완벽히 기대에 부응하지 않아도 만족해야 한다는 뉘앙스다. choosing beggars는 반대로 '말도 안 되는 것들을 무리하게 요구하는 사람들'을 의미한다.

Sydney Do you think I can borrow your pickup truck tomorrow?

Hose Are you going shopping for Black Friday?

Sydney Yeah, I'm going to get that 75-inch TV. I wanted to bring it home myself.

Hose I haven't washed my car for a while though. It might stink inside.

Sydney Beggars can't be choosers. I will fill up the gas tank for you.

Hose Fantabulous!

시드니 내일 너의 트럭을 빌릴 수 있을까?
호세 블랙 프라이데이 쇼핑 가?
시드니 응, 그 75인치 TV 사려고. 내가 직접 집으로 들고 오고 싶어서.
호세 나 세차 안 한 지 좀 됐는데. 안에 냄새가 고약할지도 몰라.
시드니 감지덕지지. 차에 기름 넣어 줄게.
호세 짱!

× · × · × · × · × · × · × · × · × · × · × · × LET'S LEARN!

CULTURE • **pickup trucks**

미국에서는 트럭을 운송이나 운반뿐만 아니라 개인의 취향대로 소유하기도 한다. pickup truck은 미국인들이 가장 좋아하는 차 중 하나이며 미국의 문화이기도 하다. 캘리포니아에서는 대부분 캠핑이나 서핑을 좋아하는 백인 남자들이 트럭을 멋스럽게 개조해서 타는 걸 자주 볼 수 있다.

Black Friday

11월 셋째 주 목요일은 Thanksgiving(추수감사절)이며 바로 다음 날이 Black Friday이다. 미국에서는 이날이 일 년 중에 가장 큰 세일 기간이며 본격적으로 크리스마스 쇼핑의 시작을 알린다. 새벽부터 많은 사람들이 줄을 서서 기다리는 것을 볼 수 있고 원하는 물건을 쟁탈하기 위해 치고받고 싸우기까지 하는 영상들을 쉽게 찾아볼 수 있다.

EXPRESSION **oneself**

본문에서처럼 스스로 '혼자서 직접'을 강조할 때 사용되며 평소의 '자기 진짜 모습'을 의미하기도 한다.

Did you make this yourself? | I'm just going to be myself.
이거 네가 직접 만든 거야? | 난 그냥 나 그대로를 보여 줄 거야.

EXPRESSION **stink**

smell은 '냄새가 난다'는 의미이지만 stink는 '악취가 난다'는 뜻으로 냄새의 강도의 의미가 다르다. 또한 sucks의 유사한 표현으로 무언가가 별로일 때 '구리다'는 의미로도 사용될 수 있다.

That movie stinks. Don't | Your feet are stinking up the
bother watching it. | whole room.
저 영화 별로야. 굳이 보지 마. | 네 발 때문에 온 방에 악취가 진동하고 있어.

SLANG **fantabulous**

fantastic과 fabulous의 혼합어로 '굉장히 훌륭하고 최고'라는 뜻의 속어이다. fabulous라고만 하기에는 의미가 전달되지 않을 때 이 표현을 사용해 보자.

Your Thanksgiving dinner was fantabulous!
You really outdid yourself.
너의 추수감사절 저녁은 정말 최고였어! 평소보다 훨씬 더 맛있었어.

Think outside the box

고정관념을 깨다

타코 전문점 '타코벨'의 슬로건은 'Think outside the bun'이다. 햄버거에서 벗어나 새로운 것, 즉 우리의 타코를 먹어 보라는 것이다. 이 표현은 '정해진 틀에서 벗어나 새롭고 창의적인 생각을 하고 새로운 것들을 도전하라'는 뜻이다. 새로운 시각으로 바라보는 것, 나의 틀을 깨 보는 것, 새로운 것을 배워 보는 것, 가 보지 않는 길을 가는 것 등 여러 가지를 포괄한다.

Ray   I'm having second thoughts about taking a year off and traveling.

Lora   Why? Are you scared of getting out of your comfort zone?

Ray   I'm also afraid that I might not be able to get a job right after I graduate.

Lora   You don't have to get a job right away. Think outside the box.

Ray   True.

Lora   You should get out there and expand your horizon.

레이   난 일 년 휴학하고 여행하는 거 다시 생각 중이야.
로라   왜? 안정적인 일상에서 벗어나는 게 두려워?
레이   그리고 졸업한 뒤에 바로 취직이 안 될까 봐 겁나.
로라   바로 직장을 구하지 않아도 돼. 고정관념에서 벗어나.
레이   그렇지.
로라   밖으로 나가서 더 많은 것들을 경험해 봐.

LET'S LEARN!

EXPRESSION ▶ **have second thoughts**

무언가를 하기로 결정한 후 걱정, 의심, 불안, 죄책감 등으로 인해 다시
생각하는 것을 의미한다. 고민이 되고 망설여질 때 사용할 수 있다.

Are you having second thoughts about your marriage? 결혼하기 망설여지는 거야?	I had no second thoughts about it at all. 그거에 대해 전혀 망설임 없었어.

MOST ASKED ▶ **'휴학하다', '휴가를 내다'는 영어로?**

'출근하다'가 go to work이듯 '휴학'과 '휴가'라는 말에 딱 맞아떨어지는
영어 단어는 없다. 대신 패턴 take[have] ~ off를 사용할 수 있다. 동사 뒤에
며칠, 몇 년 등 쉬는 기간을 붙이면 된다.

I took a semester off last year. 작년에 난 한 학기 쉬었어.

I have a day off today. 나 오늘 하루 연차 냈어.

I'm going to take this Friday off. 나 이번 주 금요일에 쉴 거야.

EXPRESSION ▶ **get out of one's comfort zone**

편안한 구역에서 벗어나다? 삶에 익숙한 것에서 벗어나는 것을 말한다. 예를
들어, 편안하고 안정된 일상에 안주하지 않고 매일 반복되는 일상을 바꿔
보는 것, 새로운 사람을 만나는 것, 도전하는 것, 한 번도 해 보지 않은 것을
해 보는 것 등을 의미한다.

Get out of your comfort zone and you will see yourself grow.
안정된 일상에서 벗어나 봐. 그러면 네 자신이 발전하는 걸 보게 될 거야.

IDIOM ▶ **expand one's horizon**

'자신의 지평을 넓히다'로 경험해 보지 못한 새로운 여러 가지를 직접 경험해
보는 것을 의미한다. 지금 이 순간 우리가 열심히 영어 공부를 하는 것도 이에
해당한다.

A: **I have never traveled abroad.**
   난 한 번도 외국 여행을 가 본 적이 없어.

B: **Really? At your age, you really need to broaden your horizon.**
   정말? 지금 그 나이엔 여러 가지를 다양하게 경험해 봐야 해.

Born with a silver spoon in one's mouth

금수저다

우리는 유복한 집안에서 태어나 부유하게 자란 사람들을 '금수저'라고 하지만 미국에서는 '은수저'를 입에 물고 태어났다고 표현한다. 과거에 영국에서 유아 세례식 때 귀족들은 아이에게 은수저를 선물했던 것에서 유래된 표현이다. 귀족들은 부유층이었기에 부모님이 높은 사회적 위치에 계신 것을 의미하기도 한다. 반대로 '흙수저'를 wooden spoon일 것이라 하지만 사실 이 표현은 잘 쓰지 않는다.

Adam　John seems to be super loaded.

Lora　He was actually born with a silver spoon in his mouth. His father is filthy rich.

Adam　Come to think of it, he is the biggest spender I've met.

Lora　But he's had a part time job for a long time and he never brags about what he has.

Adam　I know!

Lora　That is why everyone loves him.

아담　존 굉장히 돈이 많은 것 같아.
로라　사실 존 금수저야. 아버지가 굉장히 부자야.
아담　생각해 보니, 내가 만난 사람 중에 제일 통이 큰 것 같아.
로라　그래도 존은 오랫동안 아르바이트도 했고 자기가 가진 걸 절대 자랑하지 않아.
아담　내 말이!
로라　그래서 다들 좋아해.

IDIOM ● **come to think of it**

'생각해 보니', '그러고 보니'라는 뜻으로 말하는 중간에 갑자기 기억 난
사실이나 생각 혹은 깨달은 것 등을 말할 때 사용된다.

Come to think of it, I don't think I locked my car.
그러고 보니, 나 차 문을 안 잠근 것 같아.

Now I come to think of it, I think I also need to apologize.
지금 생각해 보니, 나도 사과를 해야 할 것 같아.

EXPRESSION ● **big spender**

'돈을 물 쓰듯이 펑펑 쓰며 통이 큰 사람'을 의미한다. 상황과 문맥에 따라서
부정적인 의미로 '씀씀이가 헤프다'는 뜻으로도 사용된다.

KONGLISH ● **'아르바이트'는 콩글리시다!**

'아르바이트'는 영어가 아니라 독일어임에도 불구하고 영어로 착각하는
경우가 많다. 올바른 표현은 part time job이다. 알바생은 part timer이다.

I currently work as a part timer at a restaurant.
난 지금 식당에서 알바해.

EXPRESSION ● **brag**

'자랑하고 자랑스럽게 여기다'를 의미한다. 가끔은 필요 이상으로 심하게
flex(플렉스) 하는 것을 의미하기도 한다. 비슷한 표현으로는 show off가
있다.

One's mind is in the gutter

음란 마귀가 씌다

gutter은 '배수로'이다. 따라서 '저속한', '질이 낮은', '밑바닥' 등을 의미한다. 이 표현은 생각이 '저질스럽다'로 '음란하다'는 뜻이다. 야한 농담을 자주 하거나 생각이 불순한 사람에게 우리는 흔히 음란 마귀가 씌었다고 하곤 하는데 바로 이때 이 표현을 사용할 수 있다.

Stephanie	I had a blast last night chatting up Terry. We pulled an all-nighter.
Eddie	Did you guys make out?
Stephanie	What? No! Your mind is in the gutter!
Eddie	Well, what do you like about him?
Stephanie	He speaks his mind. He is very vocal.
Eddie	It seems like he is gonna be the one who wears the pants in this relationship!

스테파니	어젯밤 테리랑 수다 떨면서 너무 즐거웠어. 우리 밤새웠어.
에디	스킨십했어?
스테파니	뭐? 아니! 생각이 불순하구나!
에디	음, 그 사람 뭐가 좋아?
스테파니	솔직해. 자신의 의견을 잘 표출해.
에디	이 관계에서는 주도권을 잡는 사람은 그분일 것 같네!

× · × · × · × · × · × · × · × · × · × · × · ×

IDIOM ● **have a blast**

have a lot of fun과 동일한 표현으로 '정말 즐거운 시간을 보내다', '너무도 재미있다'는 뜻이다.

I hope you have a blast at your senior prom!
12학년 댄스파티에서 정말 즐거운 시간 보내길 바란다!

pull an all-nighter

밤새도록 무언가를 하느라 '밤을 꼴딱 새웠다'는 뜻이다. 대부분 공부하거나
일하느라 밤을 새웠다는 의미로 사용되지만 반드시 그래야 하는 것은
아니다. 다른 무언가에 집중하느라 밤을 새웠다면 충분히 사용할 수 있다.

I pulled an all-nighter procrastinating for the test today.
오늘 시험 벼락치기 하느라 밤새웠어.

'스킨십'은 콩글리시다!

'스킨십'은 영어 같아 보이지만 안타깝게도 원어민들은 알아듣지 못하는
표현이다. 올바른 표현으로는 get physical, physical contact, physical
affection 등이 있다. 본문에 사용된 make out은 키스 등의 가볍지 않은
스킨십을 의미한다.

I don't like to get physical | Let's not get physical here!
until I really know the person. | No violence!
나는 상대를 진짜 알 때까지는 | 우리 몸싸움하지 말자! 폭력은 안 돼!
스킨십을 하고 싶지 않아.

speak one's mind

솔직하게 자기 생각과 느낌을 표현하는 것을 뜻한다. 상황에 따라 조금
직설적이고 할 말은 하는 성격이라는 의미로도 사용된다.

Can you just speak your mind? I promise I won't get upset.
그냥 솔직하게 말해 줄래? 화내지 않을 것을 약속할게.

wear the pants

연인 관계에서나 집안에서 가장 역할을 하거나 주도권을 잡는 것을 뜻한다.
이 표현은 과거에 여자는 항상 치마를 입었기에 주도권을 잡는 강인한
여자를 말할 때 사용되었지만 지금은 남녀 상관없이 사용된다.

Who wears the pants in your relationship?
너의 관계에서는 누가 주도권을 잡아?

Have a lot on one's plate

할 일이 산더미다

'접시 위에 처리해야 할 일이 많이 쌓여 있다'는 뜻으로 해야 할 일이나 해결해야 하는 문제가 많다는 뜻이다. 업무나 이런저런 일이 산더미처럼 쌓여 있어 정신이 없고 바쁠 때 이렇게 말할 수 있다. 따라서 '신경 쓸 게 많다, 너무 바쁘다, 정신이 없다'는 의미로도 사용할 수 있다.

Tyler   I have a lot on my plate. It's not even funny.

Lora   You are really living your life the fullest these days.

Tyler   I am, but I haven't had any quality time with my parents for a while.

Lora   No matter what you gotta make some time. They won't be there forever.

Tyler   Right. Time is limited for all of us. I always forget that.

Lora   I know it's easier said than done but call them up and say I love you!

타일러   할 일이 산더미야. 진짜 웃기지도 않아.
로라   너 요즘 진짜 꽉 차게 사는구나.
타일러   응, 하지만 부모님이랑 좋은 시간을 못 보낸 지 좀 됐어.
로라   무슨 일이 있어도 시간을 만들어야 해. 영원히 계시지 않잖아.
타일러   맞아. 우리 모두의 시간은 한정되어 있지. 그걸 항상 잊어버린다.
로라   말은 쉬운 거 알지만 전화해서 사랑한다고 말씀드려!

× · × · × · × · × · × · × · × · × · ×

EXPRESSION ▶ **It's not (even) funny.**

말 그대로 '재미없고 웃기지 않다'는 의미이기도 하지만 '웃기지도 않는다'로 우리가 사용하는 방식과 동일하게 '장난 아니다', '엄청나다', '이상하다', '기가 막힌다', '심각하다' 등 다양한 의미로 사용된다.

Why are you laughing at his joke? It's not funny.
왜 그 사람 농담에 웃어? 안 웃겨.

It is freezing outside. It's not even funny!
밖에 진짜 추워. 장난 아니야!

IDIOM

live one's life the fullest

'꽉 차게 산다'는 뜻으로 안주하지 않고 현재 주어진 것을 최대한으로 사용해 할 수 있는 한 많은 경험을 하며 삶을 충만하게 사는 것을 의미한다. Live your life the fullest! YOLO(You Only Live Once)!

My father never stops learning and trying new things. He truly lives his life the fullest.
나의 아버지는 배움과 새로운 시도를 절대 멈추지 않으신다.
그는 진정 충만하게 삶을 산다.

EXPRESSION

quality time

'소중하고 의미 있는 시간'으로 특히 가까운 사람이나 사랑하는 가족과 보내는 뜻깊은 시간을 의미한다.

I spent some quality time with my dad on his birthday.
아버지 생신날 소중하고 의미 있는 시간을 보냈어.

EXPRESSION

make (some) time

'시간을 만들다', 즉 '시간을 내다'는 뜻이다.

Thank you for making the time.
시간을 내 주셔서 감사합니다.

Can you make some time for me on Saturday?
토요일에 나 위해서 시간 좀 내 줄 수 있어?

IDIOM

It's easier said than done.

'말은 쉽다' 또는 '말처럼 쉽지 않다'는 뜻이다. 이론이나 생각으로는 쉬워 보이지만 막상 행동으로 옮기려면 어려운 것들을 의미한다.

Studying English every day is easier said than done.
매일 영어를 공부하는 것은 말처럼 쉽지 않다.

Put oneself in someone else's shoes

입장을 바꿔서 생각하다

상대방의 입장을 이해하고 공감하기 위해 '역지사지하는 것'을 뜻한다. 다른 사람의 신발을 신어 봄으로써 그 사람의 마음이 어떤지 헤아리고 상황을 간접적으로 경험해 보는 것을 의미한다.

Beth With all due respect, you were a bit rude to the waiter.

Max Was I? I could be a little fussy from time to time.

Beth Well, put yourself in his shoes. It might have ruined his day.

Max Oh...

Beth Everyone is fighting their own battle we don't know. So we need to be kind.

Max Wow. It is really something to think about. Thanks.

베스 이런 말 해서 미안하지만, 너 웨이터한테 조금 무례했어.
맥스 내가 그랬어? 내가 가끔 까탈스러울 수 있어.
베스 음, 입장을 바꿔 놓고 생각해 봐. 그 사람의 하루를 망쳤을 수도 있어.
맥스 아….
베스 다들 우리가 모르는 각자의 전쟁을 치르고 있어. 그래서 친절해야 해.
맥스 와. 정말 생각해 볼 만한 거다. 고마워.

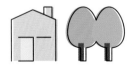

EXPRESSION — **with all due respect**

상대방에게 비난을 하거나 상대방의 의견에 동의하지 않을 때 정중하게
기분 나쁘게 듣지 말아 달라는 뜻으로 자기 생각을 언급하기 전에
사용된다. 격식을 차린 표현으로 '외람된 말씀이지만', '이런 말씀을 드려
송구스럽지만'이란 표현과 동일하다. 하지만 상황에 따라 친구에게도
충분히 사용할 수 있다. 친할수록 예의를 갖춰야 하는 법이니까!

With all due respect,
I disagree with your opinion.
죄송하지만, 저는 당신의 생각에
동의하지 않습니다.

With all due respect sir, I think
you should look at the bigger
picture.
이렇게 말씀드리기 송구스럽지만 더 큰
그림을 보셔야 합니다.

EXPRESSION — **fussy**

'까탈스럽고 신경질적인' 것을 의미한다. 중요하지 않은 작은 일에
까다롭거나 요구 사항이 많은 것을 뜻하기도 한다.

Kyle is a fussy eater. It is very hard to satisfy him.
카일은 식성이 까다로워. 그를 만족시키는 건 굉장히 어려워.

EXPRESSION — **from time to time**

'가끔', '때때로'란 뜻이다. 진부한 sometimes 대신 이 표현도 사용해
보자. 유사한 표현으로 once in a while, now and then, occasionally
등이 있다.

I miss what we had from time
to time.
가끔 우리가 나누었던 시간이 그리워.

From time to time, I go to the
drive-in movie theater.
나는 때때로 자동차 극장에 간다.

EXPRESSION — **something**

'어떤 것' 또는 '무엇'으로 더 잘 알려졌지만 something은 '중요한,
대단한'이란 의미도 있다.

Don't forget.
You are something!
잊지 마. 넌 특별해!

He is definitely something.
I know he will be famous someday.
그는 확실히 대단해. 분명 언젠가 유명해질 거야.

Get the hang of it

감을 잡다

무언가를 하기에 필요한 기술을 배우고 이해하기 시작하여 익숙해지고
편해졌다는 의미다. 예를 들어 운전, 컴퓨터 사용, 스키 타기, 골프 등을
익히기 시작했다는 것으로 '감 잡았다', '이제 어떻게 하는 건지 조금 알겠다',
'요령을 파악했다'란 뜻이다.

Mom   Are you still working on your math homework?

Son   Yeah. It's a tough nut to crack.

Mom   Once you get the hang of it, it'll become a piece of cake for you.

Son   Ah! I just wanna get it over with and watch TV!

Mom   If you can't focus why don't you freshen up and go back to it?

Son   That would work!

엄마   아직도 수학 숙제를 하고 있니?
아들   네. 이거 풀기 너무 어려워요.
엄마   한번 감 잡으면 너한텐 굉장히 쉬워질 거야.
아들   아! 확 빨리 끝내 버리고 텔레비전 보고 싶다!
엄마   집중이 안 되면, 좀 씻고 다시 하는 건 어때?
아들   그거 괜찮을 것 같아요!

× · × · × · × · × · × · × · × · × · × · × · × · ×   **LET'S LEARN!**

IDIOM ● **tough nut to crack**

말 그대로 깨기 어려운 단단한 호두를 상상해 보자. 그만큼 '이해하고
상대하기 까다로운 사람이나 해결하기 힘든 문제'를 의미한다.

My boss is such a tough
nut to crack. It is so hard to
satisfy him.
나의 상사는 정말 까다로워.
그를 만족시키기 너무 어려워.

COVID-19 is the hardest nut to
crack for everyone across the
world.
코로나는 전 세계 모든 사람들에게
가장 큰 난제이다.

a piece of cake

안 들어 본 사람이 없을 정도로 가장 기본적인 이디엄 중 하나이며 '쉽다', '식은 죽 먹기다'란 뜻이다. 유사한 표현으로는 easy peasy, no brainer 등이 있다.

A: How was the test?
시험 어땠어?

B: It was a piece of cake. No brainer!
식은 죽 먹기였어. 생각할 필요도 없었어!

With self-driving cars driving will be a piece of cake.
자율주행 자동차와 함께라면 운전은 식은 죽 먹기가 될 거야.

EXPRESSION **just wanna get it over with**

'후딱 해치워 버리고 싶다'는 뜻이다. 더 이상 생각하고 싶지 않고 한시라도 빨리 끝내야 속이 시원하다는 뉘앙스를 가지고 있다.

I've been working on this project for 3 months. I just wanna get it over with.
난 이 프로젝트를 3개월 동안 하고 있어. 빨리 후딱 해치워 버리고 싶다.

Let's just get it over with and have dinner.
그냥 끝내 버리고 저녁 먹자.

EXPRESSION **freshen up**

'씻다'를 wash나 shower로만 알고 있다면 원어민처럼 이 표현도 사용해 보자. 상쾌하게 기분 전환하기 위해 샤워하는 것부터 옷을 갈아입는 것, 머리를 빗고 화장을 고치는 것, 가글을 하는 것 등을 통틀어 의미한다.

Make sure to freshen up right before the interview.
면접 바로 전에 꼭 머리를 빗고 옷매무새 체크해.

My flight was over 10 hours. I really want to freshen up.
비행을 10시간 이상 했어. 정말 깨끗이 샤워하고 싶어.

Sleep on it

고민해 보다

섣부르게 결정하지 않고 시간을 가지고 고민해 보는 것을 의미한다. sleep은
잠을 자는 것을 뜻하지만 이 표현은 최소 하룻밤 정도의 시간을 가지고 '곰곰이
생각해 보다'를 의미한다. 당장 결정하기 어려운 문제나, 심사숙고가 필요한
상황에서 사용할 수 있다.

CEO　You know our new branch in Florida? Cut to
the chase they need you there.

Gemma　You really caught me off guard.

CEO　Well, sleep on it and let me know by the
end of this week.

Gemma　Actually, I'll be more than happy to take the
opportunity.

CEO　Really?

Gemma　You can count on me for the Florida branch.
I won't let you down.

회장님　플로리다에 우리 새 지사 알지? 바로 본론으로 들어가서 자네가 거기 필요하네.
젬마　예상치 못했던 일이라 당혹스럽습니다.
회장님　음, 고민해 보고 이번 주말까지 알려 주게.
젬마　저, 이 기회를 기꺼이 잡겠습니다.
회장님　정말인가?
젬마　플로리다 지사는 제게 맡겨 주십시오. 실망시키지 않겠습니다.

x · x · x · x · x · x · x · x · x · x · x · x

IDIOM ▸ **cut to the chase**

거두절미하고 바로 본론으로 들어가 중요한 요점만 언급하는 것을
의미한다.

I'm going to cut to the
chase and ask you if you
like me or not.
쓸데없는 말 안 하고 내가 좋은지
싫은지 요점만 물어볼게요.

Let's cut to the chase and talk
about sales. How much did we
make this month?
본론으로 바로 들어가서 판매량에 대해
이야기하죠. 이번 달 매출이 어떻게 되죠?

catch someone off guard

'무방비(off guard) 상태에서 잡히다'로 예상하지 못한 일로 당황하거나 어쩔 줄 모르는 것을 뜻한다. 또한 방심하고 있는 사이 허를 찔리는 것을 의미하기도 한다. 본문에서처럼 생각지도 못했던 제안이나 질문을 받을 때도 당혹스럽다는 뉘앙스로 사용할 수 있다.

I was caught off guard when Jenny showed up at my door step without any notice.
제니가 아무 말 없이 문 앞에 나타났을 때 당혹스러웠어.

by vs. until

둘다 '~까지'란 뜻을 가지고 있지만 뉘앙스가 조금 다르다. by는 no later than으로 정해진 시간에 더 중점을 두고 있지만 until은 정해진 시간까지의 전체적인 기간에 중점을 두고 있다.

I need it by tonight.
오늘 밤까지 필요해.
(오늘 밤이 지나면 안 돼! 오늘 밤까지는 줘야 해.)

I need it until tonight.
오늘 밤까지 필요해.
(지금 이순간부터 오늘 밤까지 필요해.)

I'll be there by 7!
7시까지는 갈게!
(늦어도 7시까지는 도착할 거야.)

I'll be there until 7.
7시까지 있을게.
(7시까지 그곳에 머무를 수 있어.)

count on (someone)

특히 어려운 상황에서 누군가에게 기대고 기대를 하는 것을 뜻한다. '브루노 마스'의 <Count on Me>를 들어 보자.

Everyone is counting on Mr. Son to show the world what he's got.
손흥민이 자신의 능력을 세상에 보여 주길 모두가 기대하고 있다.

let someone down

고의로든 아니든 약속한 것을 지키지 못하거나 기대에 미치지 못해 상대를 실망시키는 것을 의미한다.

You'd better not let me down again.
날 다시 실망시키지 않는 게 좋을 거야.

Day 100

Well begun is half done

시작이 반이다

직역하면 '좋은 시작은 절반이 끝난 것이다'로 심혈을 기울이고 용기를
내어 무언가를 시작하는 것은 이미 반은 성공한 것이라는 뜻이다. 시작만
하면 마무리 짓는 것은 수월하다는 말이기도 하다. 그만큼 새로운 도전의
시작은 참으로 어렵다. 하지만 나의 삶을 더 풍요롭게 하는 것이라면 무조건
시작하라!

Bryce   It might be too late but I started learning English.

Rosalie   You don't say! You hated English!

Bryce   It was the last thing on my mind but now my dream is to travel all around the world.

Rosalie   Stop playing!

Bryce   It was a slap in the face when I got made fun of by my kids.

Rosalie   That's OK! Well begun is half done!

브라이스   너무 늦었을지 모르지만 영어를 배우기 시작했어.
로잘리   말도 안 돼! 영어 정말 싫어하지 않았나!
브라이스   별 관심 없었는데 이제 내 꿈은 세계 일주를 하는 거야.
로잘리   장난치지 마!
브라이스   내 아이들에게 놀림당했을 때 정말 모욕적이었어.
로잘리   괜찮아! 시작이 반이야!

× · × · × · × · × · × · × · × · × · × · × · × 

IDIOM → **You don't say!**

'설마!', '말도 안 돼!'와 같이 놀랍고 믿을 수 없다는 의미이다. 또는 상대가
너무도 당연한 것을 이야기할 때 비꼬듯 비아냥거리는 뉘앙스로 사용되기도
한다.

A: Did you know Jeju is an island?
너 제주도가 섬인지 알았어?

B: You don't say?
설마? (얘 바보인가?)

EXPRESSION **the last thing on my mind**

가장 마지막에 생각이 나는 것은 당연히 중요하지 않거나 고려의 대상이
아닌 것이다. 현재 생각하고 있지 않은 것이나 가장 좋아하지 않는 것, 하고
싶지 않은 것 등을 의미한다.

Getting married is the last
thing on my mind right now.
지금은 결혼 생각이 없어.

We broke up and now he is
the last thing on my mind.
우리는 헤어졌고 이제 그는 나에게
중요하지 않아.

MOST ASKED **'세계 일주를 하다'를 영어로는?**

'세계 일주'는 영어로 travel all around the world 또는 travel the whole
world이다. 세계 어디를 가도 사용할 수 있는 영어를 배우는 것이 시작이라
믿는다!

EXPRESSION **stop playing**

본문에서처럼 '거짓말하지 말라'는 뜻으로 사용되지만 stop playing
(games)는 '누군가의 마음을 가지고 놀지 말라'는 뜻으로도 사용된다.

Stop playing games with my heart!
내 마음 가지고 그만 놀아!

IDIOM **a slap in the face**

갑자기 뺨을 맞았다고 생각해 보자. 놀람, 모욕감, 분노 등이 한꺼번에
휘몰아칠 것이다. 이 모든 감정을 불러일으키는 것을 의미한다.

Not being promoted this year was a real slap in the face for me.
올해 승진을 못한 건 정말 나를 향한 모욕이었다.

1.

주어진 어휘를 이용해서 문장을 만들어 보세요.

1 더 많은 것들을 경험해 봐. (expand)

_____

2 너 음란 마귀가 씌었구나! (Your mind)

_____

3 나 너무 즐거운 시간을 보냈어. (blast)

_____

4 제니는 금수저야. (Jenny was born)

_____

5 나 감 잡았어. (hang)

_____

6 완전 식은 죽 먹기야. (piece)

_____

7 나 일 년 휴학할 거야. (take)

_____

8 나 할 일이 산더미야. (plate)

_____

9 그 사람 입장에서 생각해 봐. (Put yourself)

_____

10 낸시는 입이 가벼워. (big)

_____

정답 1 1) Expand your horizon. 2) Your mind is in the gutter. 3) I had a blast. 4) Jenny was born with a silver spoon in her mouth.
5) I got the hang of it. 6) It's a piece of cake. 7) I'm gonna take a year off. 8) I have a lot on my plate.
9) Put yourself in his shoes. 10) Nancy has a big mouth.

246